Sabine Seyffert

Wenn Regentropfen munter tanzen

Sabine Seyffert

Wenn Regentropfen munter tanzen

Mitmachgeschichten für jeden Tag

HERDER
FREIBURG · BASEL · WIEN

Erläuterung der Symbole:

Einzelbeschäftigung	Kleingruppe (3 bis 10 Kindern)
Partnerspiel	Großgruppe (ab 10 Kindern)

www.herder.de

Umschlaggestaltung: SchwarzwaldMädel, Simonswald
Illustration Umschlag: Klaus Puth, Müllheim
Illustrationen Innenteil: Antje Bohnstedt, Bretten-Sprantal
Layout, Satz und Gestaltung: Arnold & Domnick, Leipzig
Herstellung: Graspo CZ, Zlín
Printed in the Czech Republic

ISBN 978-3-451-32463-5

Inhalt

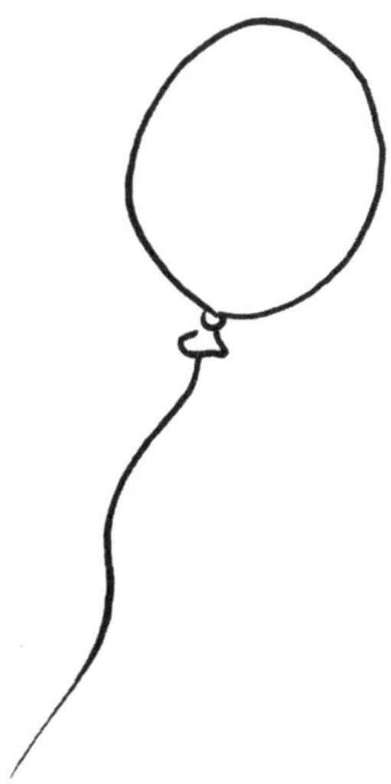

Einleitung

KOMM, MACH MIT!

Warum Mitmachgeschichten für Kinder?
Mitmachgeschichten sind eine gute Möglichkeit, schon die Kleinsten auf kindgerechte Art und Weise an Bewegung heranzuführen und aus trägen, faulen Stubenhockern kleine Abenteurer zu machen, die auf Entdeckungsreise gehen! Ganz nach dem Motto „Komm, mach mit!". Denn Bewegen macht nicht nur riesig Spaß, sondern ist lebenswichtig. Spaß an Bewegung haben bereits die Kleinsten: Schließlich wollen sie im wahrsten Sinne des Wortes vorankommen und die Welt entdecken. Durch Bewegung spüren Kinder den eigenen Körper und lernen ihn kennen. Das ist für eine gesunde Entwicklung sehr wichtig. Bei allen Bewegungen schulen Kinder die Koordination und Motorik, sie üben sich in Ausdauer und Durchhaltevermögen, stärken das Herz, trainieren die Muskeln, verbrennen Energie und bauen Spannungen spielerisch ab. Das alles sorgt dafür, dass das Kind gegenüber Stress resistenter wird und mit mehr Spaß durch den Alltag geht.

Bewegungsträgheit bei Kindern kann zahlreiche Gründe haben: Beengte Wohnverhältnisse in überfüllten Innenstädten, schlechte, ungesunde und unzureichende Ernährung, aber auch das viel zu lange Sitzen vor dem Computer oder Fernsehgerät. Dabei bewegen sich gerade Kinder besonders gerne. Aus diesem Grund sind Mitmachgeschichten für Kinder ein großer Anreiz, die ihnen viele Vorteile bieten:

- Den natürlichen Bewegungsdrang auszuleben und ihm gerecht werden.
- Verschiedene Bewegungsabläufe auszuprobieren, zu trainieren und zu festigen.
- Fantasie und Kreativität sowie den Spieltrieb auf wunderbare Art anzuregen.
- Die kindliche Neugier (oder auch die Abenteuerlust) bei den Kindern zu wecken.
- Durch die Bewegung zur Ruhe zu kommen, den Kopf frei zu kriegen und letzten Endes auch zu entspannen.

So setzen Sie die Geschichten um

- Schauen Sie sich die ausgewählte Mitmachgeschichte vorab an, um den Ablauf zu kennen und mit ihm vertraut zu sein. Um den Spielfluss nicht zu blockieren, ist es ratsam und sinnvoll, die Übungsanleitung möglichst frei zu sprechen und nicht abzulesen. Auf diese Weise haben Sie die Gelegenheit, ganz individuell auf die Kinder eingehen zu können.
- Bei vielen der im Buch aufgeführten Mitmachgeschichten ist es problemlos möglich, Ideen der Kinder mit aufzugreifen und einzubeziehen. Das lässt die Geschichten noch bunter und vor allem noch viel lebendiger werden. Auf diese Weise können Sie z. B. dieselbe Geschichte mehrmals durchführen, ohne dass es langweilig wird.
- Meine Mitmachgeschichten sollen lediglich eine Anregung darstellen, aber keine verbindliche oder gar zwingende Abfolge von Bewegungen, die dann bei Kindern wohl eher auf Ablehnung stoßen würde als auf Begeisterung! Bei manchen Mitmachgeschichten bietet es sich dennoch an, vorab mit den Kindern ein paar Bewegungsabläufe durchzuführen, die dann im Verlauf der Geschichte abgerufen werden.
- Achten Sie darauf, dass der Raum, in dem die Geschichten durchgeführt werden, ausreichend Platz für alle Kinder bereithält. Die Kinder sollten sich bei den Mitmachgeschichten frei bewegen können, ohne ständig darauf achten zu müssen, dass sie nirgendwo anstoßen oder etwas kaputt gehen kann.
- Da die Kinder in den Ruhephasen am Schluss oftmals liegen oder am Boden sitzend zur Ruhe kommen, sollte der Boden möglichst spielzeugfrei und sauber sein.
- Grundsätzlich wird möglichst wenig Material gebraucht. Folgendes Material kann jedoch sinnvoll sein.

Diese Materialien eignen sich gut für die Durchführung von Mitmachgeschichten

- Ein CD-Spieler oder Kassettenrekorder sowie entsprechende Tonträger mit Musik
- Kissen
- Decken oder Matten
- Massageutensilien wie Massageroller, Noppenbälle etc.
- Luftballons
- Bälle in verschiedenen Größen
- Naturmaterial wie z. B. Kieselsteine, Kastanien, Eicheln, Muscheln etc.
- Zeitungspapier
- Tücher und ein Schwungtuch
- Federn, Watte, Seifenblasen
- kleine Seile
- Papier, Stifte und weitere kreative Materialien zum Malen und Gestalten

Wann eignen sich Mitmachgeschichten?

Mitmachgeschichten können Sie beliebig in der täglichen Arbeit mit Kindern einsetzen. Ob morgens in einer Begrüßungsrunde, als passenden Start, für Angebote im Stuhlkreis, um die Ruhephase einzuläuten, und natürlich immer dann, wenn die Kinder Bewegung brauchen. Wenn Sie im Anschluss noch etwas Zeit haben, können Sie die Mitmachgeschichten durch kreative Angebote aufarbeiten und vertiefen. Entsprechende Anregungen dazu finden Sie in kurzer Form im Anschluss jeder Bewegungsgeschichte in diesem Buch.
Wenn Sie mit älteren Kindern arbeiten, eignen sich diese Einheiten auch wunderbar, um im Anschluss eine längere Entspannungsphase anzufügen, z. B. mit einer Fantasiereise. Die Mitmachgeschichten sind durch die Anleitungen stets sanft gelenkt, lassen aber dennoch genug Freiraum, um sie individuell umzusetzen. Ein weiterer, ganz besonders wichtiger Aspekt ist, dass die Kinder über die Bewegung zur Ruhe kommen, den Kopf frei kriegen und sich dabei entspannen können.

Die Rolle der Erzieherin

Sie als Spielleiterin sollen als gutes Beispiel voran gehen und die Kinder motivieren, sich zu bewegen. Wie der Name der Geschichten schon deutlich besagt: Mitmachgeschichten – mitmachen und dabei sein! Die Kinder schauen gerne ab, machen nach. Vielen unsicheren Kindern hilft es sehr, wenn die Spielleitung aktiv die Geschichten mitmacht. So kommen auch während der Übung keine Fragen auf, die ggf. den Ablauf stören. Denn an Ihren Bewegungsabläufen können die Kinder jederzeit sehen, was und wie die Anleitung gemeint ist.

Alle Geschichten sind als Anregungen zu verstehen, ebenso die angegebene Spieleranzahl. Mit ein wenig Fantasie ist jede dieser Übungen individuell veränderbar. So können die Geschichten auch in leicht abgewandelter Form beim Mutter-Kind-Turnen, in Spielgruppen mit Kindern unter 3 Jahren, auf Geburtstagen oder auch in der Grundschule durchgeführt werden. Lassen Sie Ihrer Fantasie freien Lauf!
In jedem Fall wünsche ich allen kleinen und großen Leuten viel Freude mit den kunterbunten Mitmachgeschichten und an der Bewegung!

Mit „bewegten" Grüßen,

Ihre *Sabine Seyffert*

Mitmachgeschichten durch die Jahreszeit

Der Jahreslauf bietet allerhand Abwechslung. Mal lockt der blaue Himmel mit strahlendem Sonnenschein zum Toben nach draußen, mal laden vielgestaltige Wolken zur fantasievollen Himmelsbetrachtung ein, dann wieder kann ein energiegeladenes Gewitter Anlass bieten, sich mit Blitz und Donner so richtig abzureagieren oder fröhlich im Regen zu tanzen. Entdecken Sie mit den Kindern aktionsgeladene und entspannende Mitmachgeschichten rund ums Jahr.

Regentropfen, tanz mit mir!

Sucht euch einen Platz im Raum!
Wenn jeder seinen Platz gefunden hat, schließt einen Moment die Augen.
Jeder spürt in sich hinein …

10–20 Sekunden pausieren, damit die Kinder sich auf das Spiel einstimmen können.

Dann stellt euch jetzt mal vor, ihr seid Regentropfen. Lauter kleine Regentropfen!
Und was machen Regentropfen so? Na klar, sie bewegen sich. Setzt auch euch nun alle in Bewegung und geht hier im Raum umher.

Alle setzen sich in Bewegung und laufen kreuz und quer durch den gesamten Raum.

Langsam sammeln sich viele graue Regenwolken am Himmel.
Der Himmel ist mit Wolken verhangen.

Es finden sich jeweils mehrere Kinder zusammen und halten sich an den Händen.

Die Regenwolken ziehen langsam, ganz langsam und ruhig am Himmel entlang.

Die Kinder gehen nun langsam als Regenwolke gemeinsam durch den Raum.

Da kommt ein Wind, der pustet und bläst aus vollen Backen. Oh, wie der freche Wind die Regenwolken am Himmel umherfegt …

Die Spielleitung ist der „Wind“ und pustet alle Regenwolken kräftig an, damit sie sich in Bewegung setzen und in flottem Tempo durch den Raum ziehen. Aufgepasst, die Wolken sollen daher nicht so groß sein, damit die Kinder sich auch in der Gruppe schneller bewegen können.
Evtl. können Sie die Wolken sich auch im Kreis drehen lassen, das ist bei jüngeren Kindern sinnvoll.

Die Wolken drehen sich am Himmel …

Die „Wolkenkinder“ fassen sich an den Händen und drehen sich im Kreis.

Doch der Wind wird stärker und stärker.
Er bläst mit voller Kraft gegen die Regenwolken …

Bis die Wolken schließlich auseinanderplatzen und all die vielen Regentropfen zur Erde tanzen.
Jeder Regentropfen tanzt allein für sich und fühlt sich dabei herrlich frei und unbeschwert.

Die Kinder gehen immer weiter auseinander, bis sie sich nicht mehr an den Händen halten können. Nun darf sich jedes Kind als Regentropfen tanzend durch den Raum bewegen.

Wie lustig die Erde von hier oben aussieht, schaut mal!

Jeder hält eine Hand an die Stirn und schaut staunend nach unten in Richtung Boden.

Die Regentropfen nähern sich der Erde.
Bereitet euch auf die Landung vor und haltet Ausschau, wo ihr am liebsten hinfliegen möchtet.

Die Kinder verteilen sich im gesamten Raum.

Und da, landet jeder Regentropfen behutsam und sanft auf der Erde...

Ihre Stimme wird leiser, die Kinder legen sich auf den Boden, sodass alle möglichst gleichmäßig verteilt sind.

So liegst du da, weich und warm gebettet.
Der Flug war anstrengend und lang. Jeder hat die Augen geschlossen und ist ganz ruhig...
Das tut gut...

Wenn alle liegen, ist es ganz ruhig.

Tipp: Am Schluss können Sie alle Regentropfen der Reihe nach aufwecken, indem Sie von Kind zu Kind gehen und allen sanft über den Rücken streichen. Falls Sie gerne mit Musik arbeiten, können Sie eine ruhige, zu Regen passende Instrumentalmusik einspielen. Am besten eignet sich dazu die Stelle, an der Wind die Wolken auseinanderpustet. Das gibt auf harmonische Weise das Tempo vor und inspiriert die Kinder zusätzlich.

Vertiefung: Wie wäre es im Anschluss mit einem schönen Regenbild, passend zur Geschichte? Egal ob mit Wasserfarbe auf Papier oder mit Fingerfarben ans Fenster gemalt; für Kinder wäre es eine schöne Möglichkeit, das Erlebte zum Ausdruck zu bringen und zu vertiefen.

Ein Unwetter naht

Jeder sucht sich einen Platz im Raum.
Stellt euch hin und wartet, bis sich alle
anderen im Raum verteilt haben.

So, nun geht jeder für sich durch den Raum.
Ganz gemütlich und ohne Eile. Es ist ein
schöner Tag und ihr habt nichts vor.

Die Kinder gehen langsam durch den Raum.

Da ziehen plötzlich Wolken auf
und verdunkeln den Himme!
Der Himmel wird immer dunkler.

Die Spieler finden sich in kleinen Gruppen zusammen und halten sich fest an den Händen.
In diesen „Kleingruppen" dürfen sie sich weiter durch den Raum bewegen und sich als Wolken gegenseitig anrempeln und knuffen.

Man hört schon ein leises Donnergrollen,
das langsam näher kommt!

Die Kinder lassen sich los, verteilen sich wieder im Raum und dürfen mit den Füßen erst leise auf den Boden treten und dann immer lauter und lauter werden.

Das Unwetter geht nun richtig los.
Die Regentropfen trommeln nur so
auf den Boden.

Alle Mitspieler knien sich auf den Boden und stellen die prasselnden Regentropfen dar, indem sie mit ihren Fingern auf den Boden klopfen.

Und plötzlich –
ein riesiger Donner!

Jeder darf es mit Füßen, Händen und auch Stimme so laut krachen lassen, wie er es schafft.

War das vielleicht laut!
Dort, da blitzt es schon wieder.
Und ein Donnerschlag!

Alle klatschen gemeinsam kurz in die Hände.
Alle stampfen kurz auf.

Da kommt ein Wind auf. Der Wind, der bläst aus vollen Backen pffff, pffffff…

Die Kinder laufen durch den Raum und scheuchen sich gegenseitig. Natürlich darf jeder dabei auch pusten und den Wind nachahmen.

Zum Glück war der Wind so stark, dass er das Unwetter vertrieben hat! Schaut mal, der Himmel färbt sich langsam wieder blau.

Alle bleiben stehen, recken die Köpfe und schauen nach oben.

Schaut mal, dort ist auch die Sonne wieder zu sehen. Wie schön! Könnt ihr die warmen Strahlen der Sonne auf dem Rücken spüren?
Die Wärme tut gut und schenkt euch neue Kraft…

Die Kinder reiben, während sie im Raum umhergehen, ihre Handflächen schnell aneinander. Wenn sie einen Mitspieler treffen, dürfen sie diesem ihre gewärmten Hände auf den Rücken oder die Schultern legen. Lässt die Wärme nach, geht jeder für sich weiter im Raum umher.

Variation: Sollten Sie diese Übung mit nur einem Kind durchführen, weil es sich dabei um ein kleines Energiebündel oder einen Wüterich handelt, so ist auch das kein Problem. In diesem Fall spielen Sie als Erwachsener einfach mit und bei den Wolken stupsen sie sich einfach mit Hilfe von kleinen Kissen an.

Hinweis: Eine Geschichte, die die Kinder sehr lieben, da sie dabei allerhand „Angestautes" herauslassen und mal so richtig laut sein dürfen. Von daher ist es Ihnen als Spielleitung überlassen, wie „wild" Sie dieses Unwetter werden lassen und wie weit Sie diese Spielphase ausdehnen.

Tipp: In jedem Fall sollten Sie diese Mitmachgeschichte durch die wärmende, ruhige Sonne ausklingen lassen, damit sie entspannt endet und die Kinder aus der Anspannung und dem tobenden Unwetter auch wieder gut herausfinden!

Kunterbuntes Osterfest

Material: pro Kind ein „Ei" aus Gummi, Holz oder ersatzweise Tennisbälle, runde Kieselsteine oder dergleichen

Jeder von euch sucht sich erst einmal einen Platz im Raum. Wenn ihr einen Platz für euch gefunden habt, legt euch einen Moment dort hin und schließt die Augen. Atmet ruhig und entspannt euch.

10–20 Sekunden pausieren, damit die Kinder sich auf das Spiel einstimmen können.

Stellt euch jetzt einmal vor, es ist Frühling. Der Frühlingshimmel über euch ist strahlend blau und die Sonne lacht euch fröhlich zu. Ihr genießt die warmen Sonnenstrahlen. Dann reckt und streckt ihr euch nach Herzenslust.

Die Kinder stehen langsam auf und recken und strecken sich ausgiebig.

Wie jedes Jahr im Frühling wird der Osterhase von allen Kindern sehnsüchtig erwartet.
Ihr dürft nun alle Osterhasen spielen und euch an die Arbeit machen. Setzt euch nun in Bewegung und hoppelt wie ein Häschen im Raum umher.

Die Kinder setzen sich in Bewegung und hoppeln wie Hasen kreuz und quer durch den gesamten Raum.
Das baut Spannungen ab. Natürlich dürfen die kleinen Osterhasen auch ihre langen Hasenohren putzen, diese nach oben strecken und fröhlich damit wackeln.

Alle Müdigkeit ist nun wie weggeblasen und voller Tatendrang machen sich die Osterhasen nun ans Werk.
Zuerst müssen die Eier herbeigeschafft werden.

Verteilen Sie ein Ei an jedes Kind.

Der Eiertransport ist für einen so kleinen Hasen gar nicht so einfach, denn die Eier sind zerbrechlich. Also aufgepasst, dass kein Ei herunterfällt oder kaputt geht…

Dem Alter der Kinder entsprechend kann der Schwierigkeitsgrad bei diesem Eiertransport variieren: Das Ei wird auf der ausgestreckten, flachen Hand balanciert, zwischen die Knie geklemmt o. Ä.

Geschafft, alle Eier sind heil angekommen. Das habt ihr toll gemacht, bravo!

Alle „Hasen" atmen zur Erleichterung ein paar Mal hintereinander tief und hörbar ein und aus!

Jetzt dürft ihr die Eier schön putzen, damit sie sauber sind.

Die Kinder putzen die Eier, reiben und drehen sie in den Händen.

Die Eier sind nun blitzeblank, wunderbar! Nun darf jeder Osterhase sein Ei kunterbunt bemalen.

Dazu fahren die Kinder am besten mit dem ausgestreckten Zeigefinger über das Ei und „malen" Linien, Striche, Tupfen oder andere Muster darauf.

Das wird ein kunterbuntes Osterfest geben, die bunten Farben strahlen um die Wette! Am besten pusten wir die Farben etwas trocken, damit die schönen Muster nicht verwischen.

Alle nehmen ihr Ei in die Hand und pusten kräftig.

Jetzt ist es aber höchste Zeit, die Eier zu verstecken. Hoppelt mal umher und sucht euch dabei ein gutes Versteck für das Ei. Aber Vorsicht, dass das Ei nicht zerbricht.

Die Kinder dürfen nun wieder den gesamten Raum nutzen, um als kleine Osterhasen umherzuhüpfen und ein Versteck zu suchen.

Haben alle Osterhasen ihr Ei versteckt? Dann dürft ihr nun einen Platz suchen, um euch auszuruhen.

Jedes Kind sucht sich einen Platz im Raum und macht es sich dort gemütlich.

Ganz ruhig liegen alle Osterhasen da und genießen die warme Frühlingssonne auf ihrem Fell. Die warme Sonne schenkt allen neue Kraft. Hm, tut das gut. Bleibt noch einen Moment liegen, um neue Kraft zu sammeln.

Beenden Sie die Übung, sobald die ersten Kinder anfangen unruhig zu werden!

Tipp: Vielleicht haben Sie ein paar kleine Schokoladeneier oder sogar echte gefärbte Eier, die Sie für die Kinder im Anschluß an das Spiel verstecken können?

Vertiefung: Sicher haben die Kinder im Anschluss daran Lust, ein Ei anzumalen. Sollten Sie ein paar ausgeblasene Eier zur Verfügung haben, können Sie diese gemeinsam mit den Kindern gestalten: Mit bunten Papierstückchen bekleben, mit Wasserfarbe bemalen o. Ä. Sollten Sie keine Eier zum Bemalen zur Hand haben, können Sie die Kinder ihr Osterei ja auch einfach auf ein Blatt Papier malen lassen. Oder wie wäre es mit einer entspannenden Massage für kleine Osterhasen? Die haben sich die kleinen Kerlchen wirklich verdient: Das weiche Fell der Hasen kann gestreichelt werden, die Sonne kann beim Massieren Muster auf das Fell malen und auch die Hasenpfoten können nach erledigter Arbeit sicher etwas Aufmerksamkeit und eine Streicheleinheit gebrauchen!

Auf der grünen Sommerwiese

Nun sucht sich jeder einen Platz im Raum. Stellt euch dort hin und wartet, bis sich auch alle Mitspieler im Raum verteilt haben.

Die Kinder stehen oder sitzen gleichmäßig verteilt im Raum.

Stellt euch vor, es ist Sommer. Es ist Nachmittag und die warme Sonne lockt euch zum Spielen nach draußen!

Alle setzen sich vergnügt in Bewegung und laufen fröhlich umher. Dabei kann der gesamte Raum genutzt werden.

Wie schön warm die Sommersonne heute ist! Könnt ihr die warmen Sonnenstrahlen fühlen?

Jeder darf sich mit seinen Händen an verschiedenen Stellen seines Körpers warmrubbeln: Mit der flachen Hand schnell hin- und her streichen, sodass eine wohltuende Wärme entsteht.

Schaut mal, dort drüben flattert ein kleiner, gelber Schmetterling umher. Er lädt euch zum Spielen ein. Wer schafft es, den kleinen Flattermann einzufangen?

Alle flitzen dem fiktiven Falter hinterher und versuchen, pantomimisch den Schmetterling einzufangen.

Puh, der kleine Schmetterling ist einfach viel zu schnell und zu geschickt. Lasst uns erst einmal tief durchatmen.

Alle stellen sich bequem hin. Dabei soll jeder ausreichend Platz um sich herum haben. Dann atmen alle gemeinsam tief ein und aus. Hierbei geht es nicht um Schnelligkeit, sondern darum, einmal ganz bewusst zu atmen, um den Körper mit ausreichend Sauerstoff zu versorgen!

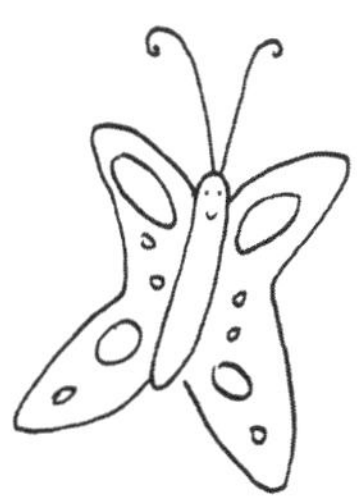

Die kleine Pause tat richtig gut! Oh, da vorne schlängelt sich ein kleiner Bach durch die grüne Sommerwiese!

Der Bach ist wirklich ganz klein.
Sollen wir versuchen darüber zu springen?

Lassen Sie den Kindern ruhig beim Springen etwas Zeit zum Experimentieren. Sie können mit beiden Beinen zeitgleich springen, mit nur einem Bein, ein anderes Kind an die Hand nehmen, um einen gemeinsamen Sprung zu wagen, munter hin und her springen, sooft sie es schaffen, etc.

Jetzt kann ich gut eine Erfrischung vertragen. Ihr auch? Taucht mal die Hände in das klare Wasser des Bachs und kühlt euer Gesicht damit.

Alle legen die Hände wie eine Schale aneinander und tauchen diese ins „Wasser", um das Gesicht damit einzureiben und sanft zu massieren.

Wunderbar fühlt sich das an, ganz erfrischend! Noch mehr Abkühlung gefällig? Wer hat Lust auf eine kleine Wasserschlacht?
Mit den Füßen kann man das klare Wasser des Bachs prima spritzen. Schaut mal zu mir hin, ich mach es euch vor!

Strecken Sie den Fuß nach vorne, fahren damit durch den vor ihnen am Boden fließenden Bach und ziehen die Fußspitze dann nach oben. Achten Sie hierbei unbedingt darauf, dass die Kinder zu ihrem Gegenüber ausreichen Platz haben, damit niemand durch Zufall getreten wird!

Jetzt ist genug getobt, lasst uns noch etwas über die Sommerwiese schlendern.

Alle Kinder setzen sich wieder in Bewegung.
Ob die Kinder gemütlich über die Wiese schlendern, fröhlich im Hoppserlauf hüpfen oder sich tanzend bewegen, ist jedem selbst überlassen. Möchten Sie noch mehr Bewegung ins Spiel bringen, überlegen Sie gemeinsam mit den Kindern, wie und auf welche Art man sich noch über die Sommerwiese bewegen kann.

Wie viele bunte Blumen hier wachsen, schaut euch mal um!

Alle schauen sich stauenend um. Dabei sollten die Kinder nicht nur den Kopf hin- und herdrehen, sondern dürfen sich auch aktiv mit dem gesamten Körper um die eigene Achse drehen.

Kommt, wir pflücken ein paar Blumen. Dann können wir später zu Hause einen schönen Blumenstrauß in die Vase stellen, der uns an den Ausflug auf die sommerliche Blumenwiese erinnert!

Jedes Kind pflückt nach seinem eigenen Tempo hier und dort ein paar imaginäre Blumen von der Wiese. Dabei sollten sich die Kinder zwischendurch immer wieder ganz aufrichten und dann wieder in die Hocke gehen, um die Pflückbewegung zu machen.

War das ein schöner Nachmittag! Aber nun ist es Zeit für den Heimweg.

Alle Spieler nehmen sich an den Händen und gehen in einer langen Schlange von einer Raumseite zur nächsten oder eine ganze Runde im Kreis durch den Raum.

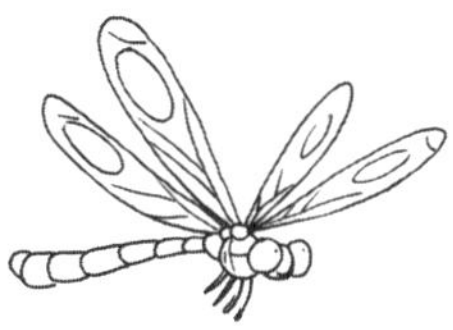

Tipp: Wenn Sie die Geschichte mehr ausschmücken und im Raum darstellen möchten, könnten Sie beispielsweise den Bach mit Hilfe von blauen Tüchern oder einer zusammengerollten blauen Decke darstellen. Alternativ könnte man einige Krepppapierbänder nehmen.

Vertiefung: Scheint gerade die Sonne und Sie haben noch Zeit für ein paar Minuten auf dem Außengelände? Lassen Sie die Kinder draußen ein paar Blumen pflücken, wie z. B. Gänseblümchen, Butterblumen oder Löwenzahn, die Sie im Anschluss gemeinsam in eine Vase stellen können.
Lust auf einen Stuhlkreis oder eine Gesprächsrunde? Fragen Sie die Kinder, was sie am liebsten auf einer Wiese spielen und was man auf einer solchen noch alles erleben könnte. Vielleicht machen Sie sich dazu ein paar Notizen und können beim nächsten Mal diese Mitmachgeschichte entsprechend noch erweitern oder variieren.

Wir machen eine Radtour

Sucht euch bitte eine Freundin oder einen Freund, mit dem ihr ein Paar bildet. Am besten ist es, wenn ihr ungefähr gleich groß seid ... Haben alle einen Partner gefunden? Dann kann es ja losgehen! Nehmt euch zu zweit eine Decke (oder Matte) und legt diese auf den Boden. Dann legt ihr euch so gegenüber, dass ihr die Beine hochstreckt und die Fußflächen aufeinander stellt. Ihr solltet dabei soviel Platz haben, dass jeder die Beine bewegen kann.

Die Kinder platzieren sich so, dass sie bequem liegen und Bewegungsfreiheit haben. Probehalber werden die „Fußpaare" wie beim Radfahren bewegt: Der Fuß des Partnerkindes ist dabei jeweils das Pedal, in das getreten wird.

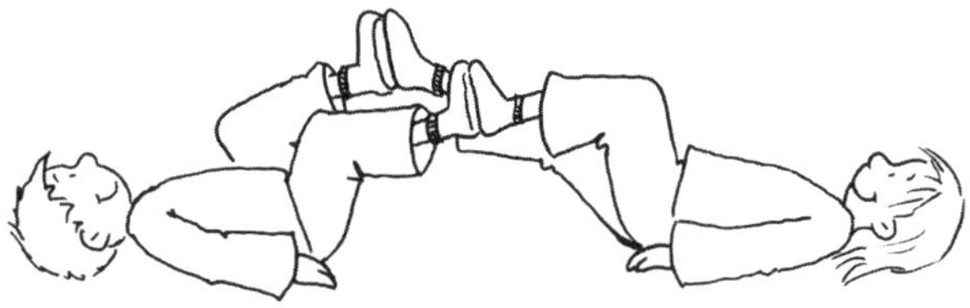

Stellt euch nun einfach vor, es ist ein wunderbarer Tag. Wer mag, kann dabei auch seine Augen einen Moment schließen. Die Sonne lacht vom Himmel und lockt euch nach draußen.
Ach, ist das schön!
Das ideale Wetter für eine Radtour.
Ihr holt eure Fahrräder aus dem Schuppen, klettert hinauf und los geht´s.
Gemütlich radelt ihr stadtauswärts.

Die Kinder bewegen ihre Beine in ruhigem, gleichmäßigem Tempo, um sich so erst einmal aufeinander einzustellen und einen Rhythmus zu finden.

Da vorne geht es einen langen Berg hoch. Achtung, ihr müsst ganz schön fest strampeln, um den Berg hoch zu kommen. Es geht nur langsam voran.

Die Kinder treten mit den Beinen langsam und sollen ganz bewusst die Bewegungen durchführen und ihre Beine dabei spüren.

Geschafft, ihr seid oben angekommen!
Ihr wischt euch den Schweiß von der Stirn und atmet tief ein und aus, um neue Kraft zu schöpfen.

Die Kinder ahmen die genannte Bewegung nach und atmen tief ein und aus.

Nun saust ihr mit Tempo den Berg hinab. Weil das schnelle Fahren so viel Spaß macht, tretet ihr fest in die Pedale, um richtig in Fahrt zu kommen.

Alle bewegen die Beine in flottem Tempo. Am besten wird das Tempo langsam gesteigert, damit die Kinder wieder in einen gemeinsamen Rhythmus kommen.

So eine Radtour macht wirklich einen Riesenspaß! Ihr radelt noch eine Weile durch die sonnige Landschaft. Dann sucht ihr euch ein gemütliches Plätzchen, um euch auszuruhen.

Jeder stellt seine Beine nun ab und die Kinder legen sich nebeneinander auf die Decke. Dabei schließen sie die Augen und horchen einen Moment in sich, um die Stille und Entspannung zu genießen!

Tipp: Sie können in diese Radtour beliebig Ereignisse mit einbauen. Vielleicht rote Ampeln, holprige Wegstrecken oder andere Dinge, die diese Mitmachgeschichte noch lebendiger werden lässt. Zum Schluss können Sie die Ruhephase beliebig erweitern, je nach Können sowie Bedürfnissen der teilnehmenden Kinder.

Hinweis: Diese Übung wird ohne Schuhe durchgeführt. Falls der Raum „fußkalt" ist, können die Kinder auch dicke Socken oder warme Wollstrümpfe drüberziehen.

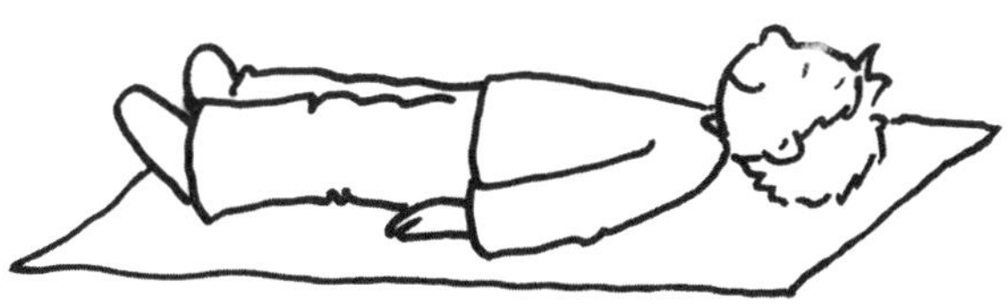

Stein, Stein rolle

Material: pro Kind ein etwa kastaniengroßer, runder Stein

Bitte sucht euch nun einen Platz hier im Raum! Haben alle einen Platz gefunden? Dann darf jeder von euch einen Moment die Augen schließen. Jeder spürt einen Moment lang in sich hinein … Stellt euch jetzt mal vor, ihr seid ein Stein. Ein großer, runder Stein, mit dem man prima spielen kann.

An dieser Stelle sollten Sie ungefähr 10–20 Sekunden pausieren, damit die Kinder sich auf das Spiel einstimmen können.

Nun dürft ihr die Augen öffnen.
Jeder von euch darf sich einmal so rund machen wie ein richtiger Stein.
Dazu legt man sich am besten auf den Rücken, zieht die Beine an den Bauch und umschließt die angewinkelten Beine mit beiden Armen.

Die Kinder machen die hier beschriebene Körperhaltung nach.

Das Tolle an solch runden Steinen ist, dass diese sich lustig umherkugeln und rollen können. Probiert es mal aus.
Nehmt Schwung und versucht, euch so über den Rücken und die Schultern im Kreis zu kugeln.

Am besten ist es, wenn Sie als Übungsleitung die Übungshaltung mit den gefassten Beinen einnehmen und das Kugeln vormachen.

Das macht vielleicht Spaß! Aber die Steine können auch einen Hang hinunterrollen. Kommt, macht mit!

Alle Mitspieler gehen zu einer Seite des Raums und kullern als Steine bis zur gegenüberliegenden Wand.

Aber mit Steinen kann man noch viel mehr machen! Ich gehe nun herum und werde jedem von euch etwas in die Hand legen.

Sie als Spielleitung gehen nun von Kind zu Kind und geben jedem einen der runden Steine in die Hand.

Jeder darf nun seinen Stein in den Händen halten, diesen wiegen und schauen, wie schwer er ist.

Geben Sie jedem Kind einen Moment Zeit, seinen Stein „kennenzulernen“.

Nun steht bitte auf und bewegt euch mit eurem Stein im Raum umher: Ganz langsam und gemütlich! Stellt euch dabei vor, ihr wärt selbst ein dicker, schwerer Stein, der nur langsam vorankommt...

Jeder zieht im Raum mit seinem Stein seine Bahnen.

Während ihr umhergeht, dürft ihr den Stein in der Hand mal am ausgestreckten Arm vor euch halten.

Die Kinder legen den Stein auf die Hand und strecken diese gerade nach vorne.

Als nächstes versucht mal, ob ihr den Stein auch mit ausgestreckten Armen nach oben halten könnt. Versucht dabei, den Stein mit euren Händen fest zu umschließen, sodass er nicht herunterfällt.

Achten Sie darauf, dass die Steine wirklich nur maximal die Größe einer Kastanie haben und von den Kindern gut umfasst werden können. Wenn es Ihnen sicherer erscheint, lassen Sie die Kinder ihre Arme etwas nach vorne in die Höhe strecken.

Stellt euch nun einmal vor, der Stein ist schwer, ganz schwer. Um das Gewicht des Steins tragen zu können, müsst ihr euch vornübergebeugt bewegen. Uff, ihr spürt bei jedem Schritt, wie schwer der Stein ist, so als wäre er riesengroß.

Die Kinder beugen sich tief nach vorne und laufen gebückt mit ihren Steinen umher.

Es geht nicht mehr, der Stein ist einfach zu schwer! Ihr legt euren Stein auf den Boden und rollt diesen am Boden entlang, Stück für Stück. So, wie ihr selbst anfangs als Stein durch den Raum gerollt und gekullert seid.

Die Kinder entscheiden selbst, in welche Richtung sie laufen. Es kann hierbei der gesamte Raum mit einbezogen und genutzt werden.

Als nächstes versuchen wir mal etwas ganz Schwieriges. Nehmt den Stein wieder in die Hand und werft ihn ein kleines Stück in die Luft. Aber nur so hoch, dass ihr ihn auch wieder auffangen könnt!

Jeder darf mit seinem Stein spielen und diesen werfen. Sind die Kinder schon etwas größer und recht fit, kann man daraus auch ein Partnerspiel machen, bei dem sich die Kinder ein paar Schritte entfernt gegenüberstellen und sich vorsichtig (!) die Steine zuwerfen, sodass der Spielpartner ihn auffangen kann.

Das Spielen mit dem Stein macht richtig Spaß. Wer hat noch Ideen, was man mit dem Stein alles spielen kann?

Sammeln Sie die Ideen, die die Kinder haben, und greifen Sie diese spontan auf. Probieren, experimentieren und spielen Sie mit den Steinen. Vielleicht kann man diese im Kreis wandern lassen, seinen eigenen Stein unter einem verdeckten Tuch mit den Händen ertasten, sich den Stein mit dem Fuß zuschieben, einen kleinen Steinturm bauen usw.

Vertiefung: Unternehmen Sie mit den Kindern doch einfach mal einen Spaziergang und sammeln Steine. Im Anschluss können die Kinder damit ein fantasievolles Naturmandala legen, die Steine bunt bemalen, die verschiedenen Formen, Größen und Gewichte vergleichen, eine Spur aus lauter Steinen legen etc.
In einem Schuhkarton lassen sich Steine sehr gut aufbewahren und im Regal verstauen. So kann man diese jederzeit hervorholen, wenn sie gebraucht werden.

Mitmachgeschichten im Land der Fantasie

Schließe deine Augen und höre einen Moment in dich hinein ... Kunterbunte Farben tauchen alles in buntes Licht und lassen den grauen Alltag vergessen, zauberhafte Märchenwesen erwachen zum Leben; auf einer Traumwolke gen Himmel fliegen und einfach das unendlich weite Land der Fantasie entdecken – hier bewegt einen allerhand: Herzlich willkommen und schnell hereinspaziert ins Land der Fantasie.

Kunterbunter Farbenzauber

Material: flottere Instrumentalmusik

Verteilt euch nun bitte im Raum,
sodass jeder genug Platz hat.
Hat jeder einen Platz gefunden?

Warten Sie, bis die Kinder sich im Raum verteilt haben.

So, dann kann es ja losgehen.
Heute besuchen wir das Farbenland!
Kommt alle mit!

Fröhlich hüpfen alle Kinder im Hopserlauf im gesamten Raum umher.

Im Land der Farben ist es einfach herrlich.
Vor allem ist es dort kunterbunt!
Spürt ihr schon das warme Gelb der Sonne?

Die Kinder gehen nun im Schritttempo durch den Raum. Wenn sie dabei auf jemanden treffen, dürfen sie ihre Handflächen kräftig aneinander reiben. Sind die Hände warm, werden sie dem Mitspieler auf die Schultern, den Rücken oder die Arme gelegt, sodass dieser die Wärme spüren kann.

Aber im Farbenland gibt es natürlich nicht nur das Gelb. Es gibt auch gestreiftes Kunterbunt. Wisst ihr wie sich das anfühlt?

Wenn die Kinder nun jemandem begegnen, dürfen sie ihm mit allen Fingerspitzen beider Hände den Rücken von oben bis unten runterstreichen.

Punkte gibt es auch.
Da, da habe ich einen gespürt.
Leicht und unbeschwert,
wie kleine Punkte halt so sind.

Die Kinder tanzen durch den Raum und dürfen sich gegenseitig mit den Fingerspitzen auf den Rücken klopfen.

Das Tolle am kunterbunten Farbenland ist aber, dass es hier zauberhaft zugeht. Ihr könnt die vielen Farben nicht nur spüren, sondern sie sind selbst in euch. Malt das Farbenland mit euren Farben herrlich bunt, kunterbunt: mit Fingern, Händen und auch euren Füßen.

Wenn Sie die Musik nicht schon eingespielt haben, wird sie spätestens jetzt eingeblendet. Lassen Sie die Kinder ganz lebendig zu der heiteren Musik tanzen, sich drehen, und bewegen und dabei sollen sie sich vorstellen, dass ihre Körper voller Farben stecken, die sie „ausleben" dürfen. Mit den Füßen als Pinsel über den Boden malen, mit den Fingern den eigenen Körper entlangfahren, mit den offenen Händen die Wände „bunt" werden lassen etc.

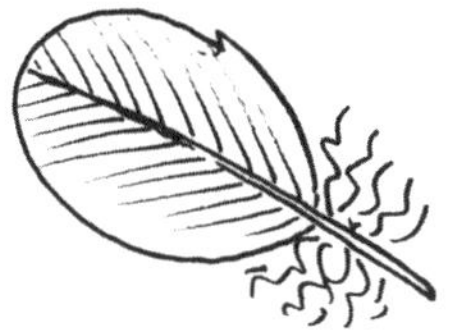

So langsam neigt sich der Tag im bunten Farbenland dem Ende zu. Schaut mal an euch herunter. Ihr seid so bunt, wie ein Regenbogen.

Jeder sucht sich einen Platz und schließt einen Moment die Augen, um die vielen Farben vor dem „inneren" Auge nochmals anzuschauen und wirken zu lassen.

Hinweis: Diese Mitmachgeschichte ist sehr fantasievoll. Die freie Bewegungsphase mit Musik, während der die Kinder sich, den Raum und alles um sich herum „bunt" werden lassen, setzt schon Erfahrungen mit diesen Bewegungsgeschichten voraus. Daher sollten Sie diese Mitmachgeschichte erst durchführen, wenn die Kinder verschiedene andere Mitmachgeschichten kennengelernt haben und wissen, mit welchen Bewegungen man diese kreative Musikpause füllen kann.

Vertiefung: Im Anschluss werden die Kinder sicher vor Ideen sprühen. Halten Sie kunterbunte Pastellkreide oder Wasserfarben bereit, damit die Kinder die „erlebten" Farben zu Papier und somit zum Ausdruck bringen können!

Ein Fest beim Libellenprinzen

Material: Beschwingte Instrumentalmusik, die zum Thema passt und nach der man sich gut bewegen kann.

Vorbereitung: Achten Sie darauf, dass der Raum gut durchgelüftet, aber nicht zu kalt und auch nicht zu heiß ist.

Einführung: Heute möchte ich euch alle verzaubern, spannend oder? Ich habe mir gedacht, weil die Sonne so schön scheint (oder wenn diese gerade nicht scheint, heißt es einfach: um die Sonne zu locken), verzaubere ich euch allesamt in wunderschöne ... psst – das wird noch nicht verraten!

Sucht euch als erstes Mal einen Platz hier im Raum, an dem ihr es euch im Liegen ganz gemütlich macht, sodass genug Platz um euch herum ist und alle im Raum gleichmäßig verteilt sind.

Geben Sie den Kindern einen Moment Zeit, ihren Platz zu finden und sich in Ruhe hinzulegen. Evtl. müssen Sie den Kindern etwas helfen.

Habt ihr alle einen Platz gefunden?
Dann hört meinen Zauberspruch:
Lim, Lam, Lum,
schau dich gleich mal um.
Du wirst dann sehen,
so schnell kann es gehen.
Kling, klang, klelle,
du bist im Nu eine Libelle.

Gehen Sie herum und tippen jedes der liegenden Kinder mit der Hand auf die Schulter.

Oh, wie schön ihr alle ausseht!
Staunend setzt ihr euch auf und schaut euch neugierig im Raum um.

Alle Kinder rappeln sich auf und schauen hin und her.

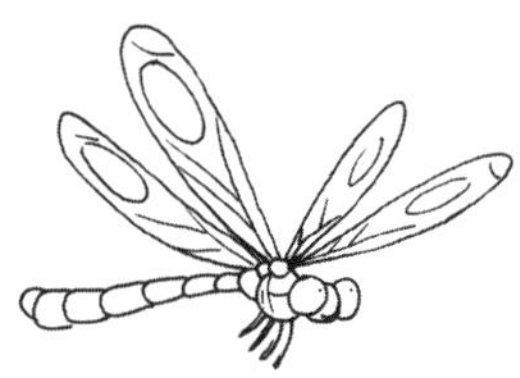

Wunderschöne Libellen seid ihr jetzt alle. Am Rücken habt ihr feine, durchsichtige Flügel, die im warmen Sonnenlicht so glitzern und glänzen wie ein Regenbogen! Munter bewegt ihr eure Flügel hin und her und setzt euch langsam in Bewegung. Wie schön es aussieht, wenn die vielen Libellen durch das Licht der Sonne fliegen!

Die Kinder „flattern“ sacht mit ihren Armen und ahmen so die Flügelbewegung nach. So fliegen sie in mäßigem Tempo kreuz und quer durch den gesamten Raum.

Ihr atmet die frische Luft und fühlt euch auf eurem Flug wunderbar frei.

Alle atmen gemeinsam hörbar ein und aus. Ein paar Mal hintereinander. Das bewusste, tiefe Ein- und Ausatmen macht den Kopf frei und sorgt für mehr Aufmerksamkeit und Konzentration.

Das tut gut und schenkt euch neue Kraft. Aber wer kommt denn da? Schaut mal!

Spielen Sie eine Libelle, die auf die anderen (Kinder-)Libellen zufliegt.

Guten Tag allerseits. Ich grüße das Libellenvolk und lade euch herzlich zum Fest des Libellenprinzen ein!

Die Libellen sind ganz aufgeregt vor lauter Freude über die Einladung und schlagen kräftig mit den Flügeln (Armen).

Folgt mir doch und begleitet mich zum Libellenprinzen!

Sie fliegen als Spielleitung voraus und die kleinen Libellen flattern Ihnen hinterher. Bestimmen Sie dabei ein Kind, das den Libellenprinzen spielen darf und sich in eine Ecke des Raums setzt.

Der Libellenprinz winkt uns schon von Weitem zu, schaut mal!

Das Kind, das den Libellenprinzen spielt, winkt freudig zu der Libellenschar.

Allen Libellen wird es ganz warm ums Herz. Und weil wir uns alle so sehr über die Einladung zum Fest freuen, verbeugen wir uns ganz tief vor dem Prinzen.

Jeder macht eine möglichst elegante, tiefe Verbeugung vor dem Prinzen.

„Herzlich willkommen in meinem Reich!", heißt euch der Libellenprinz auf seinem Fest willkommen. „Feiert mit mir und seid heute meine Gäste!"

Der Prinz steht auf und beginnt das Fest mit einem Tanz. Dazu sucht er sich ein Kind aus. Nun finden sich alle Libellen zu zweit zusammen und tanzen vergnügt durch den Raum. Ideal wäre es, an dieser Stelle flotte instrumentale Musik einzublenden. Den Kindern ist es freigestellt, wie und mit wem sie tanzen. Sie können als lange Schlange durch den Raum tanzen oder immer zwei Kinder halten sich an den Händen und bilden eine Gasse, durch die die anderen hindurchtanzen können etc.

Das Tanzen hat riesig Spaß gemacht, war aber auch ganz schön anstrengend. Kommt, wir gönnen uns eine Pause und machen es uns gemütlich!

Alle legen sich der Länge nach hin, schließen die Augen und kommen zur Ruhe.

Wie gut es tut, einen Moment so dazuliegen und die Augen zu schließen!
Ganz ruhig und entspannt liegt ihr alle da und fühlt euch rundum glücklich.
Die Sonne wärmt euch mit ihren warmen Strahlen. Es fühlt sich an, als würde die warme Sonne euch streicheln und mit den Sonnenstrahlen behutsam zudecken.
Das tut gut und gibt euch neue Kraft.

Sprechen Sie diesen Text mit ganz ruhiger Stimme und lassen Sie den Kindern Zeit zum Abschalten, Ruhigwerden und Entspannen.

Tipp: Wie wäre es mit etwas zu trinken und etwas gesunden Obst zur Stärkung? Vielleicht servieren Sie etwas köstlichen „Libellenwein"? Einfach etwas stilles oder Mineralwasser einfüllen, ein paar frische Zitronenviertel dazugeben und fertig ist der gesunde Durstlöscher.

Zauberhafte Wolkenreise

Material: große Decke, pro Kind ein kleiner, weißer Wattebausch

Nun sucht euch bitte erst einmal einen Platz hier im Raum! Wer seinen Platz gefunden hat, legt sich langgestreckt auf den Rücken.

Warten Sie einen Moment, bis jeder seinen Platz gefunden hat. Wenn alle Kinder ruhig liegen, fahren Sie mit der Übungsanleitung fort.

Nun schließt eure Augen. Spürt, wie ihr am Boden liegt. Ganz ruhig und entspannt seid ihr nun. Nichts stört euch mehr… Plötzlich kommen viele kleine, wunderbar weiche Wolken angeschwebt. Bei jedem von euch landet nun eine solche Wolke.

Gehen Sie im Raum von Kind zu Kind. Auf jedes der liegenden Kinder lassen Sie von oben herab einen kleinen Wattebausch fallen.

Nun dürft ihr eure Augen wieder öffnen. Schaut mal, jeder hat Besuch von einer kleinen Wolke bekommen. Nehmt eure Wolke in die Hand und bewegt euch langsam durch den ganzen Raum. Stellt euch dabei vor, ihr seid selbst Wolken, die schwerelos durch den Himmel schweben.

Alle tragen ihre Wattewolke in den Händen und bewegen sich leicht und lautlos im Raum.

Wie gut sich das anfühlt: Alles ist so unbeschwert und einfach. Es gibt keine Hast und keine Eile.

Alle bewegen sich nochmals betont ruhig und „schwebend" durch den Raum.

Wie wäre es denn mit einem kleinen Wolkenwettrennen? Habt ihr Lust? Na, dann kommt! Alle Wolken versammeln sich hier…

Alle Kinder stellen sich nebeneinander in eine Reihe an der Wand entlang auf. Die Wattewolken legen sie ein Stück vor sich auf den Boden.

Nun heißt es aufgepasst, der Wind, der bläst – los!

Alle pusten nun ihre Wolke schnellstmöglich bis zur gegenüberliegenden Wand.

Hurra, angekommen!

Alle Kinder freuen sich, machen Luftsprünge vor Freude und reißen die Arme jubelnd in die Höhe!

Das hat vielleicht Spaß gemacht!
Aber nun fliegen die Wolken wieder jede für sich am strahlend blauen Himmel entlang.

Jedes Kind bewegt sich mit seiner Wolke durch den Raum. Wer mag, kann seine Wolke mal von der Hand nach oben pusten und wieder auffangen, in Zickzacklinien über den Boden pusten oder einfach die Dinge ausprobieren, die einem einfallen!
Diese Freiphase kann wunderbar mit ruhiger, meditativer Musik untermalt werden.

So langsam werden die Wolken müde.
Alle kleine Wolken versammeln sich auf der großen dicken Abendwolke, die schon geduldig wartet.

Am Boden liegt die ausgebreitete Decke.
Darauf nehmen alle Kinder Platz.

Sind alle Wolken sicher gelandet?
Dann macht es euch bequem.
Nun schwebt die Abendwolke mit euch durch den Himmel. Herrlich ...

Sie fassen die Decke an einem Ende und ziehen sie mitsamt den Kindern durch den Raum.

Nun endet die zauberhafte Wolkenreise.
Alles absteigen, hier ist der Wolkenbahnhof.

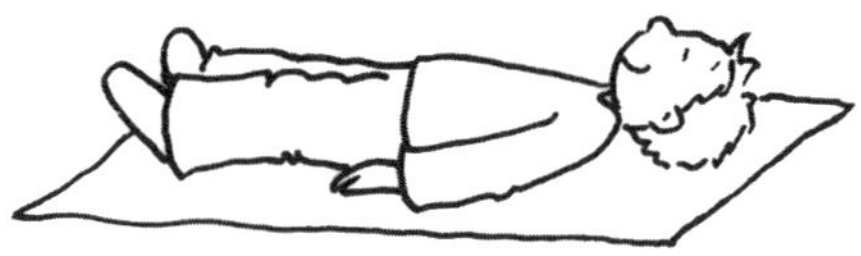

Hinweis: Das Wolkenpusten während dieser Mitmachgeschichte stärkt die gesunde Atmung und sorgt dafür, dass der Körper wieder mit ausreichend Sauerstoff versorgt wird. Daher sollten Sie im Vorfeld darauf achten, auch für gute Luft zu sorgen und den Raum einen Moment gut durchzulüften.

Tipp: Das Spielen mit Watte macht den Kindern erfahrungsgemäß sehr viel Spaß. Mit Sicherheit bietet gerade diese freie Bewegungsphase in der Geschichte eine wunderbare Möglichkeit, Ideen und Anregungen der Kinder mit aufzugreifen und gemeinsam umzusetzen.

Vertiefung: Wie wäre es im Anschluss mit einem himmlischen Wolkenbild? Lassen Sie die Kinder auf blauen Tonkarton eine Wattewolke kleben und gestalten. Oder mit Pastellkreide/Ölkreide auf farbiges Tonpapier ihre Wolke malen.

Die kleine Hexe zaubert heut'

Material: Hexenhut, Zauberstab

Hix, Hax, Hex, heute besuchen wir die Hex'! Doch dafür müssen wir uns erst einmal auf den Weg zu der kleinen Hexe machen.

Alle laufen im Hopserlauf durch den Raum. Je nach Bewegungsdrang der Kinder kann man diese Laufphase verlängern und durch weitere Gangarten erweitern oder auch bei Bedarf die Schnelligkeit des Laufens steigern.

Dort drüben sehe ich schon das Hexenhaus, kommt, wir laufen das letzte Stück!

Bitte ermahnen Sie die Kinder, beim Laufen achtsam zu sein und Zusammenstöße zu vermeiden.

Setzen Sie sich den Hexenhut auf, nehmen Sie den Zauberstab und spielen Sie nun die Hexe.

„Herzlich willkommen!“, begrüßt euch nun die Hexe.

Alle umarmen und begrüßen sich.

„Ich habe mir gedacht, dass wir heute mal allerhand Lustiges zaubern. Was haltet ihr davon?“, fragt die Hexe. Als erstes zaubere ich euch klitzeklein, nein, riesengroß ...“ Doch da ist es schon passiert, die Hexe konnte sich nicht recht entscheiden und so seid ihr nun abwechselnd winzig klein und dann wieder groß wie ein Riesen.

Die Kinder legen sich auf den Boden und kauern sich möglichst klein zusammen.
Die Knie werden angezogen und der Kopf an die Brust gelegt.
Kaum sind alle so klein, wachsen sie, dehnen, strecken, recken sich, stellen sich aufrecht hin, auf Zehenspitzen und strecken auch die Arme samt Händen und Fingern weit nach oben. Im Anschluss werden alle wieder klein. Dieses Klein werden und Groß sein kann sich ruhig ein paar Mal abwechseln!

„Entschuldigt bitte!“, sagt die Hexe. „Ich habe mich so gefreut, so viel Besuch zu bekommen, da ist mir der Zauber wohl nicht ganz gelungen. Doch nun zaubern wir: Bim, Bam, Bum – kleiner Baumstamm, roll mich nicht um!“

Die Kinder legen sich der Länge nach auf den Boden. Mit ausgestreckten Armen und Beinen rollen die Kinder nun wie Baumstämme durch den Raum.

„Und passt auf, es kommt sogleich der nächste Hexenzauber: Hixe, Haxe, Hexenbein, nun sollt ihr alle Tiere sein.“

Hierbei darf immer ein Kind der Hexe helfen und ein Tier auswählen, in das sich die anderen Kinder verwandeln.
Dieses stellen dann alle pantomimisch und auch ggf. mit entsprechenden Tierlauten dar. Nach einiger Zeit wird gewechselt, bis sich alle Kinder einmal ein Tier aussuchen durften.

„Leider, liebe Kinder, neigt sich der Tag schon dem Ende. Es hat mir sehr viel Spaß gemacht mit euch. Kommt ihr mich bald wieder einmal besuchen? Ich würde mich sehr freuen!“ Aber was bitte ist denn das? Die Hexe hat heimlich alle schon wieder verhext. Und statt vorwärts zu gehen, müssen nun alle rückwärts laufen und können auf diese Weise der kleinen Hexe noch eine ganze Weile zum Abschied zuwinken.

Alle Kinder entfernen sich rückwärts gehend von der kleinen Hexe und winken.
Auch dieser Part lässt sich beliebig erweitern, indem sich die Kinder z. B. auf nur einem Bein hüpfend, kriechend, im Seitwärtsgang, im Entengang, schleichend, in einer langen Schlange usw. vom Hexenhaus entfernen.

Hinweis: Wenn der Boden im Raum sehr kalt und hart ist, sollte man diesen vorab mit einigen Matten auslegen, da bei den Bewegungseinheiten viel auf dem Boden gemacht wird.

Zauberhaftes im Märchenwald

Material: Seifenblasen, Decken oder Matten, evtl. meditative Instrumentalmusik

Vorbereitung: Während dieser Mitmachgeschichte experimentieren die Kinder mehrfach mit ihrem Atem und setzen diesen bewusst ein. Daher ist es bei diesen Übungseinheiten wichtig, dass Sie vorab den Raum gut durchlüften, damit die Kinder frische und keine verbrauchte Luft einatmen.

Als erstes sucht euch bitte einen Platz hier im Raum! So, dass ihr im ganzen Raum verteilt seid und genug Platz um euch herum habt.

Warten Sie einen Moment, bis alle ihre Position eingenommen haben.

Heute möchte ich euch zu einem Ausflug ins Märchenland einladen. Habt ihr Lust? Kommt, wir machen uns auf den Weg. Zuerst gehen wir einen Kiesweg entlang. Hu, die vielen Kieselsteine pieksen unter den Füßen.

Fordern Sie die Kinder auf, dies pantomimisch darzustellen und wirklich bewusst Schritt vor Schritt zu setzen. Wie fühlt es sich an, wenn man über viele kleine Steinchen läuft? Dabei kann man nur ganz langsam gehen.

Geschafft, hier beginnt die Märchenwiese. Ihr lauft durch das saftig grüne Gras. Könnt ihr spüren, wie die Grashalme leicht unter euren Füßen und Zehen kitzeln?

Hierbei können die Kinder ruhig in schnellerem Tempo durch den Raum gehen, sollen aber dennoch dann und wann das Kitzeln der Grashalme unter den Füßen darstellen.

Wie schön es hier im Märchenwald ist! Die Sonne scheint so märchenhaft hell und lässt alles in freundlichem Licht erscheinen. Dabei fallen euch die bunten Blumen auf, die hier wachsen. Es sind richtige Zauberblumen, die fantastische Muster und wundersame Farben haben. Ihr bückt euch hier und da, um ein paar besonders schöne Blumen zu pflücken.

Die Kinder bücken sich ab und an und stellen so das Pflücken der Blumen dar.

Schaut mal dort hinten!

Zeigen Sie in eine der Raumecken und laufen Sie gemeinsam mit den Kindern dorthin.

Hier wachsen lauter kleine Glücksblumen. Sie sind ein bisschen wie Pusteblumen, nur dass ihre kleinen Fallschirme aus lauter kleinen vierblättrigen Kleeblättern bestehen. Pflückt euch jeder eine der Glücksblumen und schaut sie euch an.

Die Kinder pflücken eine Blume und bestaunen sie neugierig.

Verteilt das Glück, damit alle Wesen hier im Märchenwald etwas von dem vielen Glück abbekommen!

Dazu pusten alle kräftig an ihrer „Blume“, um die kleinen Kleeblütenfallschirme kräftig in die Luft zu blasen.

Oh, wie schön das aussieht, wenn die Blütenfallschirme im Licht der Sonne durch den Himmel tanzen!

Die Kinder fassen sich an den Händen und tanzen verträumt und bedächtig, als wären sie selbst ein kleiner Blütenfallschirm, der leise und sacht durch den Himmel segelt. Blenden Sie hier evtl. ganz leise die Musik ein und pusten Sie Seifenblasen.

Schaut mal die Märchenträume, die durch die Luft gleiten. Wie ruhig sie im Licht der Sonne tanzen! Ganz sanft, leise und schwerelos. Könnt ihr das auch?

Die Kinder sollen sich zwischen den fliegenden Seifenblasen ganz lautlos, zart und sanft wiegen, bewegen und tanzen.

Versucht jetzt mal, die bunten Märchenträume durch Pusten in der Luft zu halten und weiter zu verteilen, damit all die herrlichen Märchen bis weit in die Welt hineingetragen werden.

Pusten Sie weiter Seifenblasen, sodass die Kinder diese weiterpusten und auf ihrem Atem steigen lassen können.

Nun seid ihr ganz außer Puste. Legt euch auf die weiche, grüne Märchenwaldwiese und macht es euch gemütlich.
Schaut in den Himmel und beobachtet die bunten Märchenträume, wie sie am Himmel entlang wandern, ganz ruhig und entspannt...

Lassen Sie die Kinder einen Moment im Liegen die Seifenblasen beobachten und zur Ruhe kommen.

Ganz ruhig und entspannt liegt ihr nun da... Ihr schließt einen Moment die Augen... Nichts stört euch, nichts geht euch durch den Kopf... Eure Arme und Beine sind schwer, ganz schwer... Und die Sonne hier im Märchenwald ist so zauberhaft warm, dass ihr euch ganz warm und geborgen fühlt... Die angenehme, wohltuende Wärme strömt durch euren ganzen Körper... Wie gut das tut...

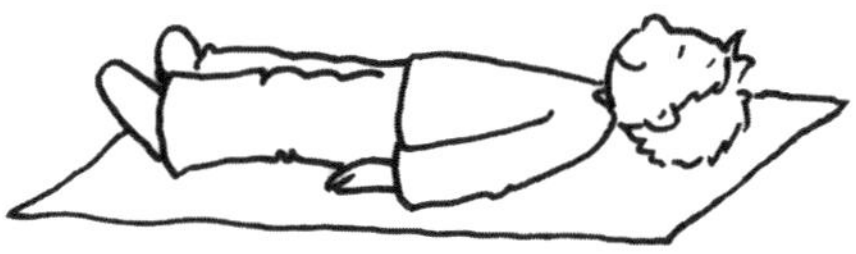

Geben Sie den Kindern einige Minuten Zeit, um diese Entspannung zu genießen!

Hinweis: Wenn die Kinder im Anschluss wieder aufstehen und am Gruppenablauf teilnehmen sollen, müssen Sie die Übung durch ein kräftiges „Zurücknehmen“ beenden. Das heißt, die Kinder sollen ein paar Mal tief ein- und ausatmen, die Hände zu festen Fäusten ballen, sich ausgiebig Recken und Strecken. Das ist wichtig, um nach dieser Entspannungsphase am Schluss den Körper mit all seinen Funktionen wieder aufzuwecken.
Sollen die Kinder im Anschluss Mittagsruhe halten oder Sie möchten die Entspannungsphase durch eine Fantasiereise erweitern, können die Kinder natürlich so auf den Decken oder Matten liegen bleiben.

Mitmachgeschichten zum Kuscheln & Schmusen

Genug getobt, gespielt, bewegt? Dann ist es höchste Zeit für eine gemütliche Pause mit Kuscheleinheit. Alle suchen sich ein behagliches Plätzchen, machen es sich bequem und lassen sich mal nach Herzenslust so richtig verwöhnen. Diese Streichelspiele sind genau das Richtige für kleine Kuschelkinder, Schmusekatzen und all diejenigen, die mal eine „Auszeit“ brauchen, um neue Kraft zu tanken!

Liebe Sonne, bitte scheine!

Material: 1 Rolle gelbes Krepppapier, ruhige, „warme" Musik, pro Kind eine kleine Decke oder Matte

Vorbereitung: Schneiden Sie das Krepppapier in etwa 2–4 cm breite Streifen, sodass „Flatterbänder" für das folgende Spiel entstehen.

Nun sucht euch bitte erst einmal einen Platz hier im Raum! Wer einen Platz gefunden hat, setzt sich auf den Boden.

Schauen Sie, dass sich die Kinder im Raum möglichst gleichmäßig verteilen, evtl. helfen Sie den Kindern.

So, nun schließen alle mal einen Moment die Augen.

Blenden Sie ganz langsam die Musik ein und fahren mit der Übungsanleitung fort.

Stellt euch vor, ihr seid die Sonne. Jeder bekommt nun von mir einen Sonnenstrahl geschenkt. Wer einen Sonnenstrahl hat, steht ruhig auf und rollt diesen auseinander.

Gehen Sie nach und nach von Kind zu Kind und legen Sie je eine der Krepppapierrollen auf den Boden, bis schließlich alle Kinder und auch Sie einen gelben Krepppapierstreifen haben.

Macht die Augen auf und schaut, wie hell und warm die Sonne leuchtet und mit ihren vielen Strahlen winkt.

Jeder nimmt seinen Papierstreifen, entrollt ihn, steht auf und winkt mit seinem „Sonnenstrahl" langsam hin und her.

Die Sonne setzt sich in Bewegung und wandert ganz gemütlich am Himmel entlang. Die vielen Sonnenstrahlen tanzen und wehen dabei vergnügt hin und her.

Alle gehen oder laufen in dieselbe Richtung und lassen die Sonnenstrahlen hinter sich durch die Luft flattern.

Uih, wie schnell die Sonnenstrahlen durch die Luft gleiten!

Alle laufen mit ihren Bändern schnell, ohne dass dabei wilde Rempeleien entstehen!

Könnt ihr auch fühlen, wie warm die Sonnenstrahlen sich heute anfühlen, wo die Sonne so dick und rund vom Himmel hinunterlacht?

Wunderbar warm sind die Sonnenstrahlen. Könnt ihr das Fühlen?

Jeder hängt sich den gelben Krepppapierstreifen locker um den Hals und beginnt, sich selbst mit den Händen warm zu rubbeln und zu reiben. Dabei sollten möglichst viele Stellen des Körpers warm gerieben und massiert werden. Besonders gut klappt es natürlich an den Händen, Armen, Schultern, Bauch und den Beinen. Der Kopf sollte jedoch ausgespart werden. Diese Massagephase sollte möglichst ruhig ablaufen, damit sich wirklich jeder auf das Massieren und die dabei entstehende Wärme konzentrieren kann.

Ihr könnt nun am Himmel entlang ziehen (durch den Raum laufen) und eure Handflächen kräftig aneinander reiben. Wenn ihr einen anderen Sonnenstrahl auf eurem Weg trefft, dürft ihr die warmen Hände gegeneinander legen und euch wärmen.

Machen Sie als Spielleitung aktiv mit, zeigen Sie den Kindern, dass sie stehen bleiben sollen, bevor sie ihre Handflächen aneinander legen, damit es keinen Zusammenstoß gibt.

Langsam neigt sich der Tag dem Ende. Die Sonne ist müde, weil sie heute wirklich ganze Arbeit geleistet hat. Sie legt sich in ihr weiches Himmelbett und deckt sich mit ein paar besonders warmen Sonnenstrahlen zu.

Die Kinder legen sich auf die Decken oder Matten. Am besten auf den Rücken. Dann schließt jeder die Augen und legt die noch warmen Hände auf seinen Bauch.

Hm, wie wunderbar warm die Sonnenstrahlen sind und wie gut sie sich auf dem Bauch anfühlt... Ganz ruhig und entspannt liegt die Sonne da... Nichts, aber auch gar nichts mehr geht ihr durch den Kopf... Die Sonne spürt eine angenehme, ganz wohltuende Schwere tief in sich... Aber besonders schön und entspannend ist die Wärme. Warm, wunderbar warm fühlt sich die Sonne in ihrem Bett. Alles um sie herum ist in helles, warmes Licht getaucht. Sie fühlt sich herrlich frei, entspannt und gelöst.

Gute Nacht, liebe Sonne und bis morgen.

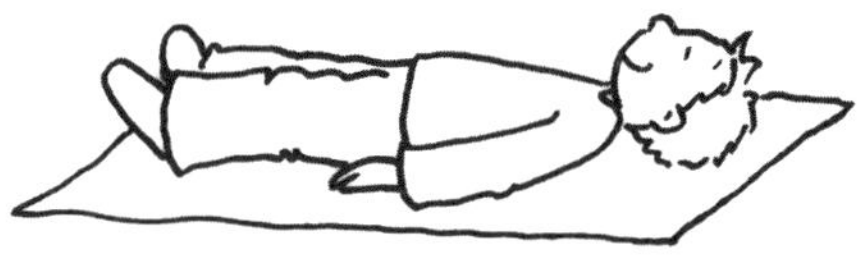

Geben Sie den Kindern noch einen Moment Zeit, die tiefe Entspannung in vollen Zügen zu genießen. Dabei kann jeder neue Kraft für den Rest des Tages sammeln. Eine solche Ruhephase tut allen gut und hilft, den Kopf frei zu bekommen, um für alle weiteren Aktivitäten wieder aufmerksam und konzentriert zu sein.

Hinweis: Wollen Sie eine Fantasiereise oder Entspannungsgeschichte durchführen, damit die Kinder noch tiefer entspannen können, um neue Kraft zu schöpfen? Dann machen Sie im Anschluss an diese Mitmachgeschichte mit einer entspannenden Geschichte weiter.

Variation: Die Kinder können sich als Sonnenstrahlen auch an die Hand nehmen, in einen großen Kreis stellen und dann vor- und zurücklaufen, damit die Kreppbänder besser schwingen. Sie können am Himmel entlang tanzen, sich drehen oder sich auch gegenseitig mit ihren warm geriebenen Händen wärmen. Hierbei sollten sich die Kinder jedoch schon eine Weile kennen und miteinander vertraut sein. Haben die Kinder mit derartigen Massagen noch keinerlei Erfahrung, sollten sie sich erstmal selbst massieren, um ein Gefühl für die Berührungen zu erhalten und auszuprobieren, welche Berührungen gut tun, wirklich entspannen, beruhigen und angenehm sind.
Ein kleines Kirschkern- oder Körnerkissen in Form einer Sonne kann unmittelbar vor Beginn dieser Mitmachgeschichte erwärmt und während der Übung von Kind zu Kind gegeben werden. Auch eine schöne Idee, die entspannende, wohltuende Wärme ganz intensiv zu spüren und wirken zu lassen!

Vertiefung: Im Anschluss kann gemeinsam eine große Sonnencollage für den Gruppen- oder Ruheraum gestaltet werden, die an diese entspannende, warme Spielaktion erinnert.

Die Schnecke wohnt im Schneckenhaus

Material: pro Spielpaar eine Decke oder Matte

Nun sucht euch bitte erst einmal einen Platz hier im Raum! Wer seinen Platz gefunden hat, legt sich der Länge nach auf den Boden, sodass er mit dem Bauch den Boden berührt.

Geben Sie den Kindern einen Moment Zeit, sich richtig hinzulegen.

Stellt euch jetzt mal vor, ihr seid alle Schnecken. Auf eurem Rücken hat jeder von euch ein wunderschönes Schneckenhaus, das euer Zuhause ist und das euch Schutz bietet.

Die Kinder können sich ausmalen, wie genau ihr Schneckenhaus ausschaut, das sie auf dem Rücken tragen.

Die Schnecken setzen sich nun in Bewegung. Denkt daran, dass Schnecken ganz langsam und gemütlich kriechen. Sie kommen dabei nur Stück für Stück vom Fleck. Das Tolle daran ist, dass sie so stets alles um sich herum in Ruhe anschauen können, was es so zu entdecken gibt. Und sie kommen auch nicht außer Puste.

Lassen Sie die „Schnecken" eine Weile lang im Raum umherkriechen.
Sie können in dieser Zeit die Decken oder Matten im Raum auf dem Boden verteilen. So haben es die Schnecken auch interessanter, weil sie um kleine Hindernisse kriechen können.

Schaffen die Schnecken es auch, alle gemeinsam in einer langen Schneckenspur zu kriechen – alle hintereinander her?

Geben Sie durch solche Anregungen den Kindern Gelegenheit, die Bewegungsabläufe zu variieren. Möglicherweise hat das ein oder andere Kind weitere Ideen, was die Schnecken unterwegs alles erleben.
Greifen Sie die Ideen ruhig auf und bauen Sie diese mit in den Ablauf ein. Das macht die Geschichte lebendiger und interessanter!

Nun sind die Schnecken eine ganz weite Strecke gewandert. So langsam wird das Haus auf ihrem Rücken schwer. Jede Schnecke sucht sich einen schönen Platz, an dem sie es sich gemütlich macht.

Die Kinder finden sich wieder zu zweit zusammen und suchen sich gemeinsam eine freie Decke/ Matte. Eines der Kinder jedes Spielerpaars, das zuerst die müde Schnecke spielt, legt sich der Länge nach auf den Bauch.

Ganz müde liegt die Schnecke da. Ruhig und entspannt ist sie nun und schließt ihre Augen.

Geben Sie den Kindern die Möglichkeit, einen Moment zur Ruhe zu kommen, sich einzustimmen und sich richtig hinzulegen, damit sie sich rundum wohlfühlen.

Ach, wie tut das gut, sich auszuruhen!

Die Kinder, die neben dem liegenden Kind sitzen, dürfen ihre Schnecken nun verwöhnen, indem sie mit den geöffneten Händen über den Rücken streichen.

Die Schnecke kann auch ihr Schneckenhaus spüren.

Dazu massieren die sitzenden Kinder mit ihren Händen spiralförmig vom Mittelpunkt des Rückens nach außen. Dabei wird der Rücken gewärmt, stimuliert und durch die sich ausbreitende Wärme auch entspannt.

Die Schnecke kann auch das Muster auf ihrem Schneckenhaus spüren. Wie schön sich das anfühlt!

Dazu zeichnen die Kinder nach ihren eigenen Ideen und Vorstellungen Muster auf den Rücken des liegenden Schneckenkindes.

Oh, und da kommt sogar die Sonne und scheint ganz hell und warm auf die Schnecke hinunter. Die Schnecke liegt ganz ruhig und entspannt da. Sie fühlt sich rundum wohl und wunderbar geborgen.

Die sitzenden Kinder reiben die Handflächen zügig aneinander, sodass diese spürbar warm werden. Sind die Hände warm, legen sie diese mittig dem liegenden Kind auf den Rücken, sodass dieses die angenehme Wärme spüren kann.

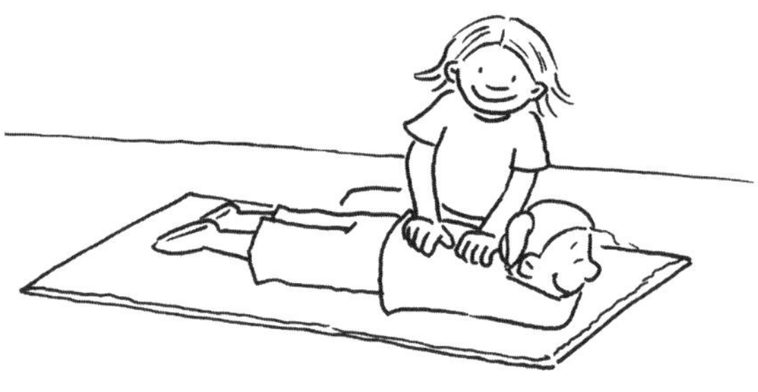

Die ruhenden, warmen Hände sind eine echte Wohltat und wirken ausgesprochen beruhigend. Das Schöne daran ist, dass das liegende Kind die Wärme ganz intensiv spüren und genießen kann. Die Wärme hat eine faszinierende Kraft und die ruhenden Hände üben sanften Druck aus, der zusätzlich Ruhe und auch Sicherheit vermittelt!

Hinweis: Bitte denken Sie am Ende des Spiels daran, die Rollen tauschen zu lassen, sodass die Kinder, die als erstes massiert haben, nun auch einmal die müde Schnecke spielen dürfen!

Vertiefung: Sprechen Sie im Anschluss an diese entspannende Mitmachgeschichte mit den Kindern. Wie haben sie sich als Schnecke mit ihrem Schneckenhaus gefühlt? War das ein schönes Gefühl? Was sind die Vorteile einer Schnecke? Die Ruhe, die diese in sich trägt? Das Schneckenhaus, das ihr jederzeit sicheren Schutz und eine gemütliche Rückzugsmöglichkeit bietet?
Vielleicht gestalten Sie mit den Kindern im Anschluss an die Geschichte noch Bilder, auf der jedes Kind seine eigene Schnecke mit seinem persönlichen Traumschneckenhaus bildlich darstellen kann.

Komm her, du kleine Schmusekatze

Material: pro Spielerpaar eine Decke oder Matte

Vorbereitung: Legen Sie die Decken oder Matten möglichst gleichmäßig verteilt auf dem Boden aus.

Stellt euch doch einfach mal vor, ihr seid alle kleine Katzen. So richtig kleine verspielte Katzenkinder, die den lieben langen Tag die Welt entdecken wollen.

Die Kinder gehen alle in den Vierfüßlerstand.

Hallo ihr kleinen Katzenkinder, geht es euch gut? Dann los, ihr dürft heute das Zimmer erkunden.

Lassen Sie die Kinder als Katzen durch das Zimmer krabbeln und alles neugierig entdecken.

Guckt mal, unter der Decke kann man auch krabbeln.

Halten Sie eine der Decken etwas hoch, sodass die Kinder darunter krabbeln können.

Kleine Katzen schnurren auch gerne und zeigen ihre kleinen Tatzen.

Fordern Sie die Kinder auf zu schnurren, laut zu miauen, die Krallen (Finger) zu spreizen, die Tatzen (Arme und Beine) anzuheben und sich so ausgiebig zu lockern.

Die Katzenkinder hier sind ganz liebe kleine Schmusekatzen. Deswegen sucht sich jetzt jede Schmusekatze ihr Körbchen.

Die Kinder finden sich zu zweit als Spielpaar zusammen und setzen sich auf eine der Decken/ Matten.

Das kleine Kätzchen ist müde vom Spielen und Toben. Nun möchte es ein wenig gestreichelt werden.

Eines der Kinder spielt die kleine Katze. Das andere darf die Katze nun liebevoll streicheln, kraulen und massieren. Wie massiert und gestreichelt wird, ist den Kindern selbst überlassen. Wenn Sie als Spielleitung mitmachen, können sich die Kinder von Ihnen entsprechende Anregungen holen oder ab und zu mal einen Blick zu Ihnen werfen, wie man die Katze streicheln kann.

So, ihr lieben Schmusekatzen, nun ist die Kuschelstunde zu Ende.

Lassen Sie die Kinder die Rollen wechseln, sodass das andere Kind als Katze gestreichelt wird.

Tipp: Wie bei allen Massagespielen sollten Sie auch hierbei darauf achten, genug Zeit einzuplanen, damit die Kinder alle an die Reihe kommen und eine Massage genießen können. Interessant ist es auch, im Anschluss einen kurzen Austausch zu machen, bei dem jedes Kind erzählen darf, wie ihm die Massage gefallen hat und wie es war, selbst aktiv die kleine Katze zu streicheln.

Hinweis: Natürlich hat jedes Kind während einer solchen Aktion die Möglichkeit zu sagen, was ihm gut tun und welche Berührungen tabu sind. Schließlich sollen diese Mitmachgeschichten Spaß machen in diesem Fall für einen gesunden Ausgleich und Entspannung sorgen. Je öfter Kinder solche Übungen durchführen, desto besser gelingt es ihnen, auf den Spielpartner einzugehen und dessen Bedürfnissen gerecht zu werden.

Diese kindgerechten Massagen fördern das harmonische Miteinander in der Gruppe und machen die Kinder ein Stück sensibler, sodass alle aufmerksamer miteinander umgehen. Es ist faszinierend zu sehen, wie schnell solche kleinen Spiele die Kinder im gemeinsamen Alltag zusammenwachsen lassen und das Gruppengefühl stärken.

Im Dschungel, da ist heut' was los

Material: pro Mitspieler einen Tennisball

Stellt euch mal vor, wir sind im tiefen Dschungel. Wir sind alle kleine Affen und springen munter von Ast zu Ast.

Alle Mitspieler verteilen sich im gesamten Raum und springen in kleinen und großen Sprüngen umher.

Hej, das macht vielleicht Spaß! Die kleinen Affen sind heute so übermütig, dass die Fangen spielen. Der pfiffige Frederick (den Namen eines Kindes der Gruppe einsetzen) ist als erstes mit Fangen dran – los geht's!

Spielen Sie einen Moment Fangen, bis sich alle Kinder etwas ausgetobt haben und Sie der Ansicht sind, dass der natürliche Bewegungsdrang der Kinder genug Raum bekommen hat.

Das viele Springen, Toben und Fangen war ganz schön anstrengend. Alle Affen brauchen dringend mal eine Pause. Sie setzen sich in einen Kreis auf den Boden. Und weil die kleinen Äffchen sehr anhänglich sind, setzen wir uns mit gespreizten Beinen hin, sodass zwischen unseren Beinen ein Affe sitzen kann, der wiederum einen Affen zwischen seinen Beinen sitzen hat.

Wichtig ist, dass jeder Mitspieler gut und ohne Verrenkungen an den Rücken seines Vordermannes kommt und diesen im Anschluss massieren kann. Schließlich soll diese Mitmachaktion ja entspannend sein. Evtl. müssen Sie als Spielleitung im Kreis herumgehen und etwas Hilfestellung leisten.

Haben alle Affen ihren Sitzplatz gefunden? Gut, dann passt mal auf, wie sich die Affen tief im Dschungel heute entspannen. Ihr werdet Augen machen!

Verteilen Sie an jedes Kind einen Tennisball und nehmen Sie im Anschluss ebenfalls mit einem Tennisball im Kreis Platz.

In den Händen hält nun jeder Affe eine kleine Kokosnuss. Eine Kokosnuss kann man nicht nur essen und ihre Milch trinken, sondern man kann sich damit auch

Sie als Spielleitung beginnen, sodass die anderen sehen können, was gemacht werden soll. Weil

wunderbar massieren. Dazu nehmt ihr die Kokosnuss in die Hand und rollt diese langsam und gemütlich über den Rücken des vor euch sitzenden kleinen Affen.

Ihr lieben Affen, versucht doch jetzt einmal, die kleinen Kokosnüsse von der Schulter beginnend den Rücken hinunter zu rollen. Und wenn ihr mit der Nuss unten angekommen seid, rollt ihr die Kokosnuss wieder nach oben. So könnt ihr von einer Seite zur anderen den gesamten Rücken mit der Kokosnuss massieren.

Das habt ihr wirklich super gemacht! Wie gut, dass kleine Affen so klug sind und alles, was man ihnen zeigt, so schnell begreifen! Nun darf jeder mit seiner Kokosnuss noch eine Weile so massieren, wie er mag!

alle im Kreis sitzen, ist es leicht abzuschauen, wie massiert wird. Die Kinder bekommen erst einmal ein Gefühl für den Ball und probieren, wie er sich am besten rollen lässt.

Geben Sie den Kindern ausreichend Zeit. Es soll hierbei kein Wettbewerb entstehen, sondern es soll für alle angenehm und vor allem entspannend sein!

Das Rollen mit dem Tennisball braucht etwas Übung, schult aber die Motorik. Und wenn man dabei selbst herrlich massiert wird, bekommt das Ganze natürlich noch einen positiven Schub!

Tennisbälle eignen sich hervorragend zum Massieren, da sie zum einen von der Größe her gut in die kleinen Kinderhände passen und zudem eine wirklich preiswerte Alternative zu oft teuren Massage- oder Igelbällen sind.

Variation: Falls Sie diese Mitmachgeschichte mit weniger als 8 Kindern durchführen, ist auch dies kein Problem! In dem Fall ändern Sie die Vorgehensweise einfach leicht ab. Die Kinder finden sich in Zweiergruppen zusammen zum Massieren.

Hinweis: Haben Sie nicht so viele Tennisbälle zur Hand – kein Problem, die Kinder können sich auch mit den bloßen Händen ein paar Streicheleinheiten schenken. Das klappt ebenso.

Tipp: Die Massagephase können Sie mit etwas ruhiger, instrumentaler Musik unterlegen, die durch den langsamen Rhythmus das Tempo vorgibt. Da Kinder Musik sehr lieben, können sie sich hierbei noch etwas besser entspannen und neue Kraft für den Alltag sammeln.

Eine lange Autofahrt

Material: pro Spielerpaar ein Kissen und eine Decke oder Matte

Heute fahren wir in den Urlaub. Die Koffer sind gepackt und das Auto startklar. Los geht die Fahrt.

Alle Kinder setzen sich als Autos in Bewegung.

Stopp, die Ampel ist rot!

Alle bleiben stehen.

Die Ampel springt auf grün und weiter geht's.

Alle gehen weiter kreuz und quer durch den Raum. Wer diese Bewegungsphase verlängern möchte, kann mehr Ampeln oder Verkehrsschilder oder für Vorschulkinder etwas Verkehrserziehung mit einbauen.

Da vorne ist schon die Autobahn. Hier können wir ganz schnell fahren.

Die Kinder laufen zügig durch den Raum, möglichst alle in eine Richtung, damit sie nicht zusammenstoßen. Mit dieser Spielphase geben Sie den Kindern die Möglichkeit, ihren Bewegungsdrang richtig auszuleben.

Wir sind endlich angekommen. War das eine lange Fahrt! Das Auto ist nun ganz müde. Es fährt in die Garage und darf sich ausruhen.

Immer zwei Kinder tun sich als Spielpaar zusammen und breiten am Boden die Decke mit dem Kissen aus. Eins der Kinder legt sich der Länge nach hin und darf nun das „parkende" Auto sein. Erfahrungsgemäß funktioniert es besser, wenn die Kinder sich auf den Bauch legen, sodass im Anschluss der Rücken massiert werden kann. Das andere Kind hockt oder setzt sich bequem daneben, aber so, dass es an das liegende Kind gut heran kommt.

Das Auto schließt seine Augen und horcht einen Moment in sich hinein.

Geben Sie den liegenden Kindern einen Moment Zeit, um in sich zu horchen und zur Ruhe zu kommen.

Das parkende Auto spürt mit jedem Atemzug, wie es mehr und mehr entspannt. Die Ruhe tut gut!

Die Kinder, die liegen, spüren einfach mal nur ihren Atem und können dabei merken, wie dieser nach und nach ruhiger wird und sich der Körper entspannt.

Das Auto war wirklich fleißig. Als Belohnung wird es nun gut gepflegt. Mit einem Tuch wird der Lack schön abgewischt.

Die sitzenden Kinder streichen mit den flachen Händen den Körper der liegenden Kinder hinab. Beginnend bei den Schultern, die Arme, den Rücken hinunter, Po und die Beine bis zu den Füßen.

Nun ist aller Dreck von der Fahrt weg. Damit der Lack wieder schön glänzt, wird das Auto nun noch poliert.

Die Kinder massieren ihr Auto bzw. ihren Spielpartner. Dabei können sie kreisende Bewegungen machen und so von der Schulter beginnend in Richtung Füße alles kreisend massieren. Das entspannt und schenkt Wärme.

Das Auto glänzt im warmen Licht der Sonne. Es sieht aus wie neu! Und die Wärme der Sonne tut richtig gut. Auch das Auto kann sie spüren.

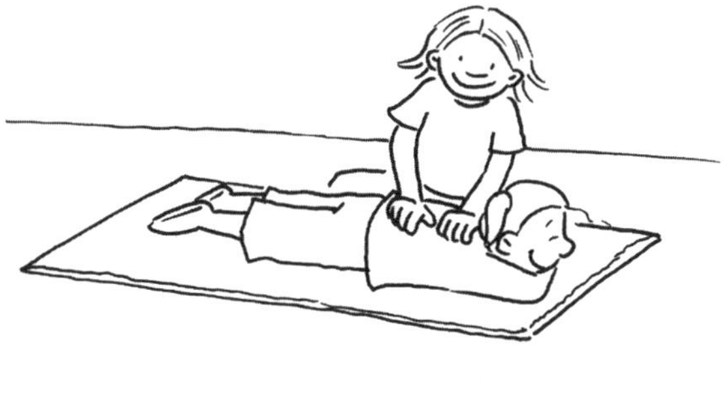

Lassen Sie die sitzenden Kinder ihre Hände fest und schnell aneinander reiben, sodass die Handinnenflächen ganz warm werden. Die angewärmten Hände werden nun den liegenden Kindern aufgelegt. Sobald die Wärme nachlässt, werden die Hände wieder kräftig gerieben und diese dann an anderer Stelle wieder aufgelegt. Bis der gesamte Körper des liegenden Kindes auf diese Weise nach und nach gewärmt wurde.

Wunderbar, das Auto hupt zum Dank und fühlt sich wie neu geboren!

Geben Sie den liegenden Kindern einen Moment Zeit, sich aufzusetzen, sich ausgiebig zu recken und zu strecken.
Dann werden die Rollen getauscht und die anderen Kinder dürfen nun als Auto so richtig verwöhnt und „poliert“ werden.

Hinweis: Bei dieser Art Streichelspiel reicht es vollkommen aus, wenn die Kinder mit T-Shirt oder einem Pulli bekleidet sind. Nur im Winter, wenn mehrere Oberteile übereinander getragen werden, sollte man darauf achten, dass die Berührungen noch spürbar sind und in dem Fall ggf. auf das eine oder andere Oberteil verzichten.

Tipp: Nach meinen Erfahrungen lassen sich die Kinder lieber am Rücken „massieren“, da dies ein recht unempfindlicher, neutraler Bereich ist. Natürlich kann man auch auf dem Rücken liegen und den Bauch streicheln lassen. Das überlasse ich aber Ihnen als Kursleitung, da Sie die Kinder, mit denen Sie arbeiten, besser kennen und einschätzen können. Als kleiner Rat: Wenn der Bauch bzw. die Vorderseite der Kinder massiert wird, sollten die Kinder schon vertraut miteinander sein.

Massagen oder Streichelgeschichten dieser Art sind oftmals bei Mädchen spürbar beliebter als bei Jungen. Sobald aber ein Auto ins Spiel kommt, werden auch die technikbegeisterten Jungen schnell zu Massagefans. Sehr interessant dabei ist, dass gerade ihnen noch allerhand Ideen kommen, wie man die Autos noch pflegen und instand halten kann. Greifen Sie die eine oder andere Spielidee hierzu ruhig auf und setzen Sie diese gemeinsam um. Das motiviert die Kinder, auch das nächste Mal an dieser Mitmachgeschichte oder Massage teilzunehmen.

Mitmachgeschichten mit Affe, Elefant & Co.

Klettern mit den kleinen Äffchen im Dschungel? Lieber mit den eleganten Giraffen auf Safari gehen? Wie wäre es, einmal so langsam, träge und gemütlich zu sein wie ein waschechtes Faultier? Oder einmal alle Wut loswerden und gefährlich brüllen wie ein junges Löwenkind? Affe, Elefant und Co. versprechen einen tierisch vergnügten Bewegungsspaß!

Affenspaß im Dschungel

Material: Kissen und Decken, pro Kind ein kleiner Ball oder ein aufgeblasener Luftballon

Jeder von euch sucht sich einen Platz im Raum und legt sich dort auf den Boden.

Sobald alle Kinder einen Platz gefunden haben und liegen, fahren Sie mit der Anleitung fort.

Stellt euch vor, ihr seid alle kleine Affen, die im Dschungel zu Hause sind. Gemütlich liegt ihr in eurem warmen, weichen Bett. Bis euch die Morgensonne sanft weckt.

Reiben Sie Ihre Handflächen kräftig und schnell aneinander. Die angewärmten Hände legen Sie nun einem Kind auf die Schultern, Arme oder den Rücken. Mit diesen „wärmenden Sonnenstrahlen" wird ein Kind nach dem anderen geweckt.

Spürt ihr die warmen Strahlen der Morgensonne? Sie schenkt euch Kraft und macht euch ganz munter!

Die Kinder dürfen sich aufrichten. Dabei recken und strecken sie sich.

Ach, ist das ein schöner Morgen im Dschungel! Ihr hüpft vergnügt von Ast zu Ast und heißt den Tag so auf eure Art willkommen.

Alle springen und hüpfen vergnügt im ganzen Raum umher.

Wenn ihr einem anderen Affenkind begegnet, winkt ihr euch freudig zu!

Sobald sich zwei Kinder beim herumhüpfen treffen, winken sie sich zu.

Guckt mal, dort drüben. Da toben zwei Affen gemeinsam im Dschungel umher.

Die Kinder finden sich zu zweit zusammen, fassen sich an der Hand und laufen durch den gesamten Raum.

Da hinten, schaut mal, dort kommt der Affenopa aus seinem Baumhaus. Der Krach hat ihn geweckt. Er ist noch müde und

verschlafen. Ärgerlich haut er sich auf die Brust und schimpft, was das Zeug hält.

Alle trommeln sich mit den Händen auf die Brust und schimpfen lauthals durcheinander.

Doch der Affenopa ist noch viel zu müde, um sich weiter aufzuregen. Verschlafen krabbelt er wieder in sein warmes Bett. Euch aber knurrt der Magen. So macht ihr euch auf die Suche nach einer leckeren Kokosnuss.

Jedes Kind sucht sich eine am Boden liegende „Kokosnuss“ (Ball oder Luftballon).

Ach herrlich, euch läuft schon das Wasser im Munde zusammen. Wie gut die riecht!

Jeder hält sich seine „Nuss“ vor die Nase und atmet tief ein und wieder aus.

Doch nun muss die Nuss geknackt werden. Bloß wie?

Die Kinder dürfen nun mit ihrer „Nuss“ experimentieren: sie auf den Boden werfen, auf dem Boden kullern, mit den Füßen vorwärts stoßen etc.

Geschafft – hurra! Die Kokosnuss ist offen.

Die Kinder reißen die Arme hoch und jubeln laut.

Genüsslich frühstückt jeder seine Nuss. Alle Affen sind müde und satt. Genau die richtige Zeit für eine gemütliche Pause. Ihr sucht euch einen Ast und macht es euch bequem.

Die Kinder suchen sich einen Platz am Boden und machen es sich mit Decke / Kissen gemütlich.

Ganz ruhig und entspannt liegt ihr da und die warme Sonne scheint auf den Bauch.

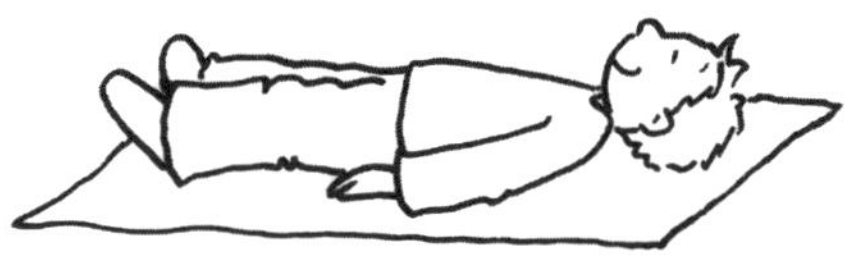

Tipp: Die Stelle, an der die Kinder mit ihrer „Kokosnuss“ experimentieren, könnten Sie mit instrumentaler Musik unterlegen, die die Kinder in ihrer Aktion zusätzlich inspiriert. Die Kinder können sich hier auch prima die „Nüsse“ zuwerfen, zukullern u. v. a. m..

Erweiterung: Wie wäre es, im Anschluss daran gemeinsam eine frische Kokosnuss zu knacken und als leckeren Snack zu verspeisen?

Bei Tammo, dem Elefanten

Verteilt euch bitte alle hier im Raum.

Warten Sie einen Moment, bis die Kinder sich möglichst gleichmäßig im Raum verteilt haben.

Stellt euch vor, im Zoo ist ein neuer Elefant geboren worden. Wer ist denn der Kleinste von euch?

Vergleichen Sie die Kinder von der Größe her und ernennen Sie den Kleinsten zu „Tammo“, dem Elefantenbaby.

Den Kleinsten von Euch taufen wir nun „Tammo“. Tammo ist unser Elefantenbaby, das gut behütet und beschützt werden muss.

Das Elefantenbaby legt sich auf den Boden, alle anderen Kinder-„Elefanten“ stehen um es herum. Natürlich haben Elefanten einen langen Rüssel. Die Kinder fassen sich dafür mit einer Hand an die Nase und Strecken den anderen Arm hindurch.

Tammo versucht aufzustehen, um die Gegend zu erkunden.

Das Kind, das das Elefantenkind spielt, steht auf und macht sich langsam, natürlich auch mit Rüssel, auf den Weg.

Die Elefantenfamilie geht dicht neben Tammo her.

Die Mitspieler bewegen sich gehend im Raum. Das Elefantenkind darf sich dabei natürlich neugierig umschauen.

Die Sonne lacht vom wolkenlosen Himmel und Tammo freut sich. Daher ist auch der Rest der großen Elefantenfamilie gut gelaunt und schwingt den langen Rüssel munter hin und her.

Alle Kinder bewegen den Rüssel von rechts nach links in gleichmäßigem Tempo.

Das kleine Elefantenkind wird übermütig und klettert über einige umgefallene Baumstämme.

Alle Elefanten heben die Beine ganz weit hoch und stellen so das Klettern dar.
Die Baumstämme können auch aus eingerollten Decken dargestellt und am Boden platziert werden.

Dort drüben entdeckt Tammo einen kleinen Teich. Übermütig tappt er hinein und spritzt, platscht und spielt im kühlen Nass.

Die Kinder dürfen mit dem imaginären Wasser spritzen, es durch festes Treten auf den Boden „aufspritzen" lassen, mit dem Rüssel „schlürfen" und die anderen nass spritzen und so eine fröhliche Wasser-Spritz-Party veranstalten.

Nun ist aber genug. Die großen Elefanten stupsen das Elefantenkind liebevoll in Richtung Ufer.

Mit dem Rüssel dürfen die „Großen" das Elefantenkind ganz sacht (!) aus dem Wasser bugsieren.

Das war vielleicht nass! Alle Elefanten schütteln sich kräftig aus, um trocken zu werden.

Achten Sie darauf, dass die Kinder sich wirklich von Kopf bis Fuß gut ausschütteln.
Wenn Sie aktiv an der Mitmachgeschichte teilnehmen, gehen Sie einfach gemeinsam die Körperteile durch, bis zu guter Letzt die Füße ausgeschüttelt werden. Dies löst wunderbar Anspannungen und lockert den gesamten Körper.

Es ist höchste Zeit für eine kleine Pause!

Alle Elefanten legen sich gemütlich in einen Kreis. In der Mitte nimmt das Elefantenkind Platz.

Ganz ruhig und still liegen alle Elefanten da ... Alle sind vollkommen ruhig und entspannt ... Die grauen Elefantenkörper fühlen sich angenehm schwer an ...
Die warme Sonne wärmt alle Elefanten und streichelt mit ihren warmen Sonnenstrahlen die weiche Haut ... Oh, wie tut die warme Sonne doch gut! Sie schenkt ganz

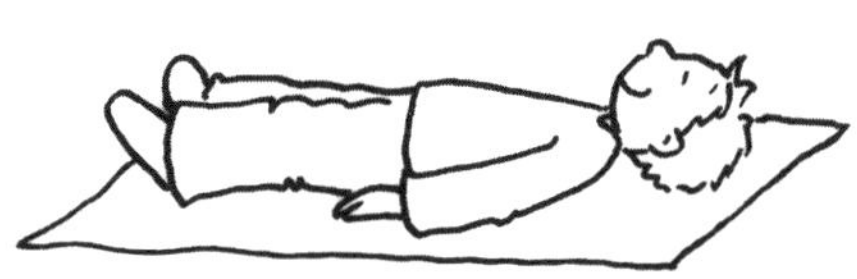

viel neue Kraft und Energie ... Dabei spüren alle Elefanten ihren Atem ... Der fließt ganz ruhig und entspannt ein und aus ... Ein und wieder aus ... Vollkommen ruhig und regelmäßig ...

Hier können Sie den Kindern noch einen Moment der Ruhe gönnen, um die Stille zu genießen und nach Bedarf noch tiefer zu entspannen.

Ach, das tat vielleicht gut! Tammo, das Elefantenkind ist als Erster wieder auf den Beinen. Alle recken und strecken sich. Tammo gähnt dabei am lautesten.

Motivieren Sie die Kinder dazu, sich wirklich einmal ganz intensiv zu räkeln, sich zu strecken und dabei tief ein- und auszuatmen oder auch mal zu gähnen. Das macht alle wieder hellwach!

Variation: Sie können die Mitmachgeschichte weiter ausschmücken und durch weitere Bewegungselemente oder Spieleinheiten ergänzen:

- Die Elefanten können mit dem langen Schwanz wedeln (den Po lockern, indem sie diesen hin- und herbewegen oder auch mal fest anspannen und wieder locker lassen).
- Die Elefanten können ihre Rüssel zum Gruß heben und damit winken.
- Die Elefanten können einen kleinen Wettlauf unternehmen und sich in Schnelligkeit üben, um noch mehr Bewegung reinzubringen, falls die Kinder durch schlechtes Wetter oder die Jahreszeit bedingt ausgiebig Bewegung nötig haben!
- Elefanten sind Arbeitstiere. Vielleicht können Sie einen Baumstamm oder einen Ball am Boden entlang kullern? Und auf diese Weise die Geschicklichkeit trainieren?
- Die Elefanten halten fest zusammen. Wie wäre es mit einer kleinen Massageeinheit, bei der sich die Elefanten mit ihren Rüsseln gegenseitig die Schultern kräftig rubbeln und massieren?

Gefährlich brüllt der kleine Löwe

Heute habe ich mir mal etwas besonders Spannendes für euch ausgedacht.
Und zwar habe ich heute eine Mitmachgeschichte vor, in der ein gefährliches Tier vorkommt. Kennt ihr gefährliche Tiere und könnt euch denken, welches Tier ich meine?

Die Kinder sitzen entspannt auf dem Boden und hören Ihnen zu. Sammeln Sie die Ideen der Kinder. Wenn Sie genug Zeit haben, können Sie auch gemeinsam darüber sprechen, was an den jeweiligen Tieren so eindrucksvoll oder eben auch gefährlich ist.

Das Tier, das ich heute mit euch spielen möchte, bezeichnet man auch als König aller Tiere. Na, habt ihr es erraten?
Genau, wir spielen heute Löwen.
Stellt euch also vor, jeder von euch ist ein Löwe. Ein Löwe mit einem goldgelben Fell und einer prächtigen Löwenmähne.
Aber damit niemand hier Angst bekommt, stellen wir uns einfach vor, wir sind kleine Löwen, einverstanden?
Stolz wandert der Löwe durch die Steppe. Die Sonne scheint vom strahlend blauen Himmel und lässt unser Fell ganz golden und edel glänzen.

Alle bewegen sich anmutig und stolz durch den Raum. Je nach Alter und Können der Kinder dürfen Sie sie ruhig motivieren, den Stolz eines Löwen durch die Gestik möglichst gut zum Ausdruck zu bringen.

Das Besondere an diesem König unter allen Tieren ist, dass der Löwe keine wirklichen Feinde hat. Daher kennt der Löwe auch keine Angst, sondern ist so mutig, wie man nur sein kann.

Die Kinder sollen einen Moment innehalten und sich vorstellen, wie es ist, so richtig durch und durch mutig zu sein. Das hat sich sicherlich jedes Kind schon einmal sich gewünscht. Schließlich verleiht einem dies auch ein Stück Macht und Würde, wenn man sich nie fürchtet und vor nichts Angst hat! Die Kinder lieben es daher, sich wirklich intensiv in so ein „mächtiges" Tier hineinzudenken und in dessen Rolle zu schlüpfen!

Außer der warmen Sonne und uns ist niemand zu entdecken. Das ist prima, denn dann können wir das laute Brüllen des Löwen einmal richtig üben. Auf los geht's los – brüll, kleiner Löwe, dass man durch die ganze Steppe hören kann, wie gefährlich du bist.

Motivieren Sie die Kinder, grimmig zu knurren und zu zeigen, dass man als Löwe der König der Tiere ist. Lassen Sie die Kinder lauthals brüllen wie richtige Löwen, sodass es einem durch Mark und Bein geht! Kinder lieben, einfach mal laut zu sein, ohne dass man sie dabei in ihre Schranken weist oder auffordert, doch endlich mal leise zu spielen. Also gönnen Sie den Kindern dieses laute Löwengebrüll!

Ach, das hört sich wirklich gefährlich an. Wenn ich nicht auch ein Löwe wäre, hätte ich jetzt richtig Angst bekommen!

Die Sonne scheint heute so herrlich. Es juckt die kleinen Löwen daher im Fell und alle springen los, um sich einmal so richtig auszutoben. Die kleinen Löwen jagen schnell wie der Wind durch die Steppe ...

Alle Kinder laufen in schnellem Tempo durch den Raum. Feuern Sie die Kinder ruhig an, noch schneller zu laufen und einmal alles zu geben, um sich so richtig auszupowern.

Löwenstark, wie ihr gerannt seid! Nun habt ihr euch einen kleinen Mittagsschlaf redlich verdient. Sucht euch einen Platz, an dem ihr es euch gemütlich macht und an dem ihr in aller Ruhe ein Nickerchen machen könnt.

Jeder darf sich im Raum einen Platz suchen. Je nachdem wie ausgiebig diese Ruhephase sein soll, können Sie auch Decken / Matten zur Verfügung stellen, darauf liegt es sich gemütlicher.

Nun liegen alle kleinen Löwen da und schließen mal einen Moment lang ihre Augen ... Jeder horcht in sich hinein ... Ganz ruhig und entspannt liegt ihr da ... Die Pfoten fühlen sich nun ganz schwer an. Es ist eine wohlige, angenehme Schwere ... Die warme Sonne hält euch warm und geborgen ... Ihr genießt die warmen Sonnenstrahlen auf eurem weichen Fell ... Es fühlt sich an, als würden die Sonnenstrahlen euch streicheln ... Da tut gut ... Ihr fühlt euch rundum geborgen und wohl ...

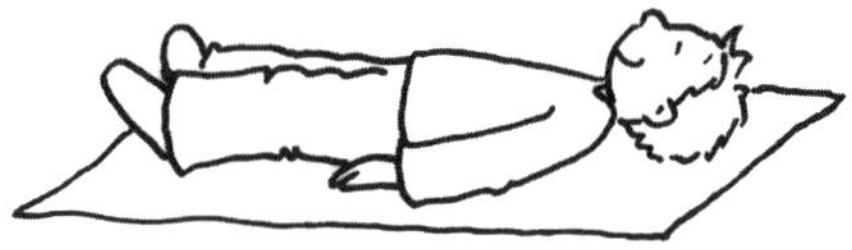

Geben Sie den Kindern einen Moment Zeit, damit sie noch tiefer entspannen und dabei neue Kraft für den Rest des Tages sammeln können.

So, sind alle Löwen wieder ausgeruht und voller Kraft? Dann dürfen sich alle mal ausgiebig recken und strecken.
Atmet dabei ein paar Mal tief ein und wieder aus, um ganz wach zu werden.
Prima macht ihr das!

Zum Abschluss werden die Kinder durch aktivierende Übungen wieder für weitere Aktionen mobilisiert.

Tipp: Diese Mitmachgeschichte eignet sich auch wunderbar als Einzelübung oder zu „therapeutischen" Zwecken: Durch die Figur des Löwen haben die Kinder wirklich mal die Möglichkeit, sich mächtig und vor allem mutig zu fühlen. In einer ganz kleinen Gruppe kann man ggf. auch kleine Löwenkämpfe auf einer weichen, großen Matte durchführen, sodass die Kinder ihre Kräfte gezielt einsetzen und spüren können.

Allein das gefährliche, laute Brüllen macht den Kindern einfach Spaß. Es befreit vor allem, gerade wenn sich Gefühle wie Wut angestaut haben. Machen Sie einfach mal mit, Sie werden dabei merken, dass im Nu schlechte Laune oder alles, was Ihnen schwer im Magen liegt, verschwindet!

Unterwegs im blauen Meer

Material: blaue Chiffontücher, Eimer oder kleine Wanne mit Sand, darin versteckt Muscheln, Schneckenhäuser, Kieselsteine, evtl. instrumentale, ruhige Musik, einen CD-Spieler, pro Kind eine kleine Decke oder Matte

Jedes Kind bekommt von mir nun ein blaues Tuch … Und jetzt kann es losgehen! Wir unternehmen heute einen Ausflug ins weite, blaue Meer.

Verteilen Sie die Tücher an die Kinder, evtl. läuft ruhige Musik im Hintergrund, aber so leise, dass alle Anleitungen gut zu hören sind.

Ihr schwimmt wie glitzernde Fische durch das blaue Meer. Ach, ist das wunderbar! Wie klar das Wasser hier ist und was es hier alles zu entdecken gibt! Lautlos gleitet ihr durch das Meer und schaut euch staunend um.

Die Kinder bewegen sich frei durch den gesamten Raum und schauen sich um. Sobald die Kinder in dieser freien Phase unruhig werden, fahren Sie einfach mit der Anleitung fort.

Die kleinen Wellen lassen euch elegant tanzen.

Die Kinder können sich im Kreis aufstellen und sich gemeinsam mit ihren Tüchern tanzen und drehen.

Dann schwimmt ihr weiter durch das tiefe, blaue Meer.

Die Kinder bewegen sich mit ihren Tüchern wieder durch den gesamten Raum.

Ihr gleitet hinab zum Meeresgrund, ganz lautlos.

Die Kinder setzen sich ruhig und leise hin. Am besten nehmen alle in einem Kreis um den mit Sand gefüllten Eimer Platz.

Wie wunderbar der Sand hier am Meeresboden aussieht und wie fein er durch die Hand rinnt!

Die Kinder dürfen nun gemeinsam die Hände in den Sand stecken und diesen durch ihre Finger rieseln lassen. Wie fühlt sich der Sand an? Kitzelt er die Hände und massiert sie sanft? Vielleicht sind in dem Sand kleine Schätze zu finden wie Muscheln, Steinchen oder Ähnliches? Geben Sie den Kindern Zeit, mit dem Sand ein wenig zu experimentieren.

Langsam neigt sich der Nachmittag dem Ende. Ihr habt viel erlebt hier im Meer. Ihr schwimmt ans Ufer zurück, sucht euch einen Platz am Strand und macht es euch dort gemütlich. Wer bequem liegt, schließt einfach die Augen.

Die Kinder stehen auf und suchen sich einen Platz auf einer Matte oder Decke.
Dort machen sie es sich bequem, schließen die Augen und entspannen sich.

Ihr denkt an den Ausflug im Meer, die glitzernden Fische ... Wie die Wellen euch haben tanzen lassen ... Und an den weichen Sand, der eure Hände gestreichelt hat ... Ganz ruhig und entspannt seid ihr nun ...

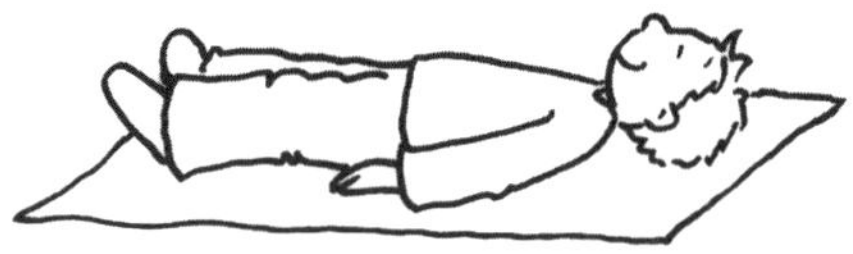

Tipp: Wenn Sie nicht ausreichend Tücher für jedes Kind haben, ist das gar kein Problem. Entweder teilen sich immer zwei Kinder ein Tuch oder Sie helfen sich ganz einfach mit blauem Krepppapier aus. Dazu schneiden Sie von einer Rolle blauem Krepppapier einfach ca. 3 cm breite Streifen ab, diese Bänder können ebenso gut verwendet werden und sind eine sehr günstige Alternative zu teuren Chiffontüchern.

Variation: Spielen sehr viele Kinder mit, können Sie auch in die Raummitte eine feste Folie oder eine Wachstuchtischdecke legen, auf der Sie den Sand streuen. Dann können mehrere Kinder gleichzeitig mit dem Sand spielen, diesen durch die Hand rieseln lassen, Muster hinein malen, etc. Vielleicht lässt sich auf diese Weise mit den im Sand versteckten „Schätzen" ein fantasievolles Mandala legen?

Von Fridolin, dem Faultier

Material: Decken, verschiedene Gegenstände

Bitte sucht euch nun erst einmal einen Platz hier im Raum! Wenn ihr ihn gefunden habt, legt euch der Länge nach auf den Boden. Dann schließt ihr die Augen: Stellt euch dabei vor, ihr seid ein niedliches, ganz liebes Tier. Ihr habt langes Fell und ein freundliches Gesicht. Am liebsten hängt ihr kopfüber an Ästen. Das schönste aber ist, dass man euch nicht aus der Ruhe bringen kann. Denn ihr seid – ein Faultier!

Die Kinder suchen sich einen Platz und machen es sich auf einer Decke bequem.

Öffnet nun langsam die Augen. Und stellt euch vor, wie langsam und behäbig sich ein Faultier bewegt. Alles geht ganz, ganz langsam, wie in Zeitlupe. Und genauso langsam setzt ihr euch nun in Bewegung und geht durch den Raum.

Die Kinder stehen auf und bewegen sich langsam durch den Raum.
Am besten machen Sie als Spielleitung aktiv mit, um den Kindern den extrem ruhigen, langsamen Ablauf der Bewegungen vorzumachen.

Ach, ganz schön interessant, die Welt einmal so langsam und in aller Ruhe zu erleben. Was einem dabei alles auffällt, was man sonst gar nicht entdeckt!
Vor allen Dingen ist es so herrlich entspannend. Keine Hast, keine Eile, es ist, als würde die Welt stillstehen.

Interessanter wird es für jüngere Kinder, wenn Sie vorab im Raum Kleinigkeiten verstecken, die die Kinder durch das extrem langsame Bewegen entdecken können.

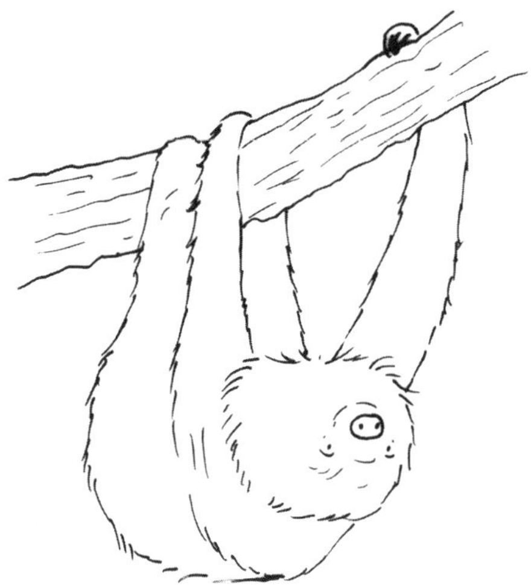

Nun sucht euch wieder einen Platz im Raum, an dem ihr es euch gemütlich macht. Legt euch hin und schließt für eine Weile die Augen. Denkt nochmals darüber nach, wie es war, als Faultier so ganz entspannt und gemütlich durch die Welt zu ziehen. Was hat euch daran gefallen, was war ungewohnt? ...

Die Kinder machen es sich wieder auf dem Rücken liegend bequem, schließen ihre Augen und lassen ihre Gedanken schweifen.

Wenn ihr mögt, öffnet nun eure Augen und kommt mit eurer Aufmerksamkeit zurück in diesen Raum!

Vertiefung: Nehmen Sie sich im Anschluss Zeit, um mit den Kindern über das Erlebte zu sprechen. Lassen Sie jeden Spieler davon berichten, wie es für ihn war, wie es sich angefühlt hat und wie es den Kindern gefallen hat.

Durch unseren hektischen Alltag rast die Zeit oftmals nur so an uns vorbei. Viele schöne Momente können deshalb oft nicht genossen werden. Daher ist diese Mitmachgeschichte eine schöne Übung für Kinder, um sie ans Thema Ruhe / Entspannung heranzuführen und die Unterschiede deutlich zu machen.

Mit den Giraffen auf Safari

Nun sucht euch bitte erst einmal einen Platz hier im Raum! Wer seinen Platz gefunden hat, legt sich der Länge nach auf den Boden und schließt einen Moment die Augen.

Geben Sie den Kindern Zeit, um ihren Platz zu finden und sich bequem hinzulegen. Wenn wirklich Ruhe eingekehrt ist und jeder liegt, können Sie mit der Anleitung fortfahren.

Wenn ihr nun die Augen geschlossen habt, stellt euch vor, ihr seid in Afrika.
Es ist wunderbar warm, die Sonne scheint und der Himmel ist so blau, wie man sich das wünscht...
Ihr selbst seid nun ein Tier. Ein riesig großes Tier mit einem langen Hals und langen Beinen. Euer Fell ist beige und mit lauter braunen Flecken übersät. Ihr fresst gerne saftig grüne Blätter von den Bäumen. Wisst ihr, welches Tier gemeint ist?

Lassen Sie die Kinder ihre Augen wieder öffnen und machen Sie einen kurzen Austausch über Giraffen: Wie sie genau aussehen, die typischen Merkmale einer Giraffe, welche Kinder schon mal eine Giraffe gesehen haben, wie sich diese bewegt etc.

Dann dürft ihr nun alle aufstehen. Spürt ihr, wie groß ihr nun seid? Setzt euch nun in Bewegung und stellt euch vor, ihr würdet als Giraffe hier umher laufen.

Lassen Sie die Kinder sich langsam in die Übung finden und sich auf eine Giraffe einstimmen.

Das ist toll. Mit einem so langen Hals kann man prima sehen und viel mehr entdecken, als wenn man klein ist.
Reckt nun alle eure Hälse in die Höhe, so hoch es nur geht.

Die Kinder sollen versuchen, den Hals intensiv nach oben zu strecken.

Es geht noch höher, wisst ihr wie? Indem ihr auf Zehenspitzen im Raum umherlauft. Macht euch dabei so groß, wie es nur geht, schließlich seid ihr eine richtige Giraffe!

Motivieren Sie die Kinder, sich wirklich ganz groß zu machen und sich zu strecken.

Die Giraffen sind bei so schönem Wetter ganz vergnügt und laufen ein Stück, weil es einfach Spaß macht.

Erinnern Sie die Kinder an das Vorgespräch. Giraffen bewegen sich ganz elegant und wie in Zeitlupe wegen ihrer enorm langen Beine. Die Kinder sollen beim Laufen versuchen, dies nachzuahmen und kein kraftvolles Wettrennen veranstalten!

Das tat gut, doch nun sind die Giraffen etwas außer Puste. Sie bleiben stehen und atmen erst einmal tief ein und wieder aus.

Alle atmen gemeinsam kraftvoll ein und aus.

Etwas zu trinken wäre auch nicht schlecht. Dort drüben schlängelt sich ein Fluss entlang. Kommt mit!

Gehen Sie gemeinsam an eine Stelle im Raum zu einem imaginären Fluss.

Doch das Trinken fällt uns gar nicht so leicht. Unser Hals ist ja so lang. Wir müssen unsere Vorderbeine ganz weit auseinanderstellen. So, schaut mal.

Spreizen Sie die Beine möglichst weit auseinander. Am besten stellen sich alle nebeneinander in eine lange Reihe aber nicht zu dicht aneinander.

Dann beugen wir Giraffen den Oberkörper weit nach vorne, noch weiter runter, prima! Genau so. Und jetzt kommen wir mit dem Kopf auch ans Wasser, um uns zu erfrischen, wunderbar!

Alle beugen sich ganz weit nach vorne. Aber möglichst ohne sich mit den Händen am Boden abzustützen.

Das Wasser tat gut und hat so prima erfrischt. Jetzt noch eine kleine Kuscheleinheit zum Abschluss. Die Giraffen stellen sich immer zu zweit zusammen und dürfen ihre langen Hälse aneinander reiben.

Dazu stellen sich die Kinder immer zu zweit einander gegenüber und dürfen ihre Schultern seitlich aneinander reiben.

Hinweis: Achten Sie daher darauf, dass der Raum vorab gut durchgelüftet wurde und die Kinder wirklich frischen Sauerstoff einatmen können.

Tipp: Wenn Sie den Fluss im Spiel bildlich darstellen wollen, legen Sie ein längeres, blaues Tuch oder eine blaue Decke auf den Boden.

Variation 1: Die Giraffenkuschelei am Schluss kann mit kleineren Gruppen auch so umgesetzt werden, dass sich alle im Raum verteilen und immer dann, wenn eine Giraffe eine andere trifft, dürfen sie sich durch das Schulterreiben verwöhnen. Das sorgt für etwas mehr Bewegung und stärkt den Gruppenzusammenhalt.

Variation 2: Sollen die Giraffen nicht nur trinken sondern auch etwas essen? Spannen Sie im Raum eine Leine, auf der Sie grüne Krepppapierstreifen oder grüne Tücher festbinden. Die Kinder müssen sich dann wirklich groß machen, um das grüne Laub von der Leine schnappen zu können.

Variation 3: Möchten Sie am Spielende eine längere, intensivere Entspannungsphase anschließen? Dann ändern Sie die Mitmachgeschichte am Ende etwas ab und erweitern diese, indem die Giraffen sich für ein „Mittagsschläfchen“ einen Platz suchen, an dem sie sich hinlegen und es sich gemütlich machen. Jeder schließt dann seine Augen und Sie können eine längere Fantasiereise anschließen, die thematisch passt und die Kinder so noch eine Weile tief in die Entspannung schicken.

Mitmachgeschichten im Abenteuerland

Das Abenteuerland hält allerhand spannenden Bewegungsspaß bereit: Hier kommen alle auf ihre Kosten. Eine piratenstarke Schatzsuche verspricht Spannung für kleine Seebären und Piratenbräute. Eine kecke Räuberbande treibt ihr Unwesen, kleine Hexen zaubern allerhand lustigen, listigen Unsinn und bei den Indianern wartet schon ein prasselndes Lagerfeuer, um das vergnügt getanzt werden darf!

Der Piratenschatz

Material: einige kleinere Kissen, Sticker oder Schokoladentaler, pro Kind eine Stofftasche
Vorbereitung: Verstecken Sie vor Spielbeginn die Sticker bzw. Schokoladentaler als Schatz so im Raum, dass die Kinder zum Schluss wirklich einen Moment suchen müssen, um ihn zu finden

Heute habe ich mir etwas ganz Besonderes für euch ausgedacht! Wir spielen Piraten und begeben uns auf eine abenteuerliche Schatzsuche. Wie gefällt euch das? Verteilt euch bitte hier im Raum, legt euch bequem hin und schließt die Augen.

Warten Sie einen Moment, bis sich die Kinder im Raum verteilt haben und bequem liegen.

Stellt euch vor, es ist früher Morgen. Die Sonne steigt langsam am Himmel empor und die warmen Sonnenstrahlen kitzeln euch wach.

Gehen Sie von Kind zu Kind und kitzeln es sanft. Wer wachgekitzelt wurde, darf helfen, auch die anderen durch Kitzeln aufzuwecken!

Noch schnell gewaschen, damit die restliche Müdigkeit verschwindet!

Alle reiben sich den „Schlaf" aus den Augen. Mit den Händen greift man in imaginäres Wasser und wäscht sich damit das Gesicht. Dabei dürfen die Kinder ruhig etwas Druck ausüben und sollten darauf achten, dass das Gesicht wirklich gründlich gewaschen wird. Diese sanfte Gesichtsmassage macht wirklich wach und fördert die Aufmerksamkeit. Bei jüngeren Kindern müssen Sie ggf. die jeweiligen Gesichtspartien wie Stirn, Augen, Schläfen, Nase, Mund, Kinn, Wangen etc. einzeln benennen.

So, alle Mann wach und munter?

Alle rufen laut „Ja".

Dann rein ins Boot

Am besten setzen sich jetzt alle hintereinander in eine lange „Schlange" auf den Boden. Dabei sollte etwas Platz zwischen den einzelnen Kindern bleiben, damit sich jeder noch bewegen kann, ohne an den Vorder- oder Hintermann zu stoßen.

Nun, liebe Piraten, heißt es kräftig rudern. Hau ruck, hau ruck…

Alle greifen rechts und links das imaginäre Ruder mit den Händen und rudern kräftig möglichst im selben Rhythmus wie alle anderen. Dabei wird der Oberkörper schön nach vorne und hinten bewegt.

Schaut mal, dort vorne ist schon die Insel, könnt ihr sie sehen?

Alle recken und strecken sich im Sitzen und halten gemeinsam Ausschau.

Hurra, geschafft, wir sind da! Kommt, helft alle mit, das Boot an Land zu ziehen!

Gemeinsam dürfen nun alle mit aufmunternden, lauten Kommandos das Boot ans Ufer ziehen.

Die Sonne ist sooo warm. Kommt, wir krempeln die Hosen ein Stück hoch, damit wir besser durch den Sand laufen können.

Alle krempeln ihre Hosen ein Stück weit nach oben.

Lasst uns gemeinsam ein Stück am Strand entlang laufen!

Alle laufen (in dieselbe Richtung, um einen Zusammenstoß zu vermeiden) möglichst flott eine Weile durch den Raum. Je nachdem, wie viel Power die Kinder haben, können Sie die Phase erweitern oder auch nach kürzerer Zeit abbrechen. Die Kinder sollen sich ein bisschen „austoben" können.

Ach herrje, dort ist eine Schlangengrube. Wie sollen wir denn bloß daran vorbei kommen? Ach, ich habe eine Idee!

Teilen Sie an jedes Kind eine Stofftasche aus. Die Kinder steigen mit beiden Beinen in die Stofftasche. Sie wird rechts und links am Tragegriff festgehalten.

Wir werden einfach um die Schlangen herumhüpfen. In den Säcken kann uns zum Glück nichts passieren!

Die Kinder hüpfen in den Taschen hintereinander her.

Geschafft, das habt ihr toll gemacht, ihr kleinen Piraten! Aber was ist denn das? Da fliegen ja viele Stechmücken umher.

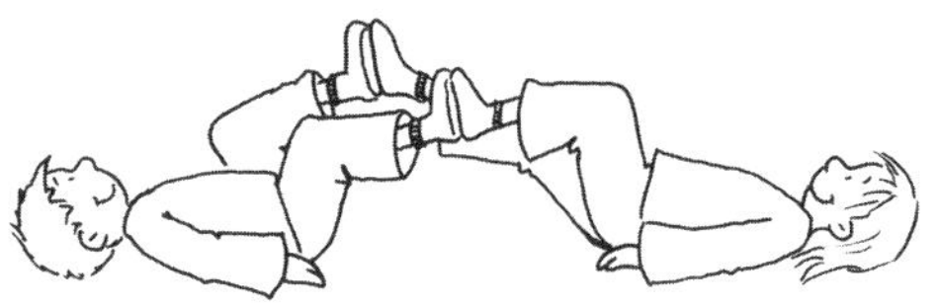

Verteilen Sie an einige Kinder ein Kissen. Die mit Kissen ausgestatteten Spieler dürfen nun die Stechmücken spielen und versuchen, die anderen Kinder damit abzutreffen. Wurde ein Kind getroffen, schreit es laut „Aua" und reibt sich die entsprechende Körperstelle, um den „Schmerz" zu lindern. Dann darf das getroffene Kind die Stechmücke sein und sich auf Jagd begeben. Wie viele Stechmücken im Einsatz sind, hängt von der Gruppengröße ab. Zu viele Stechmücken sollten nicht im Einsatz sein, sonst wird es gerade bei jüngeren Kindern zu unübersichtlich!

Das scheint ja eine wirklich abenteuerliche Insel zu sein, auf der der Piratenschatz versteckt ist. Habt ihr eine Ahnung, wo der Schatz stecken könnte?

Lassen Sie die Kinder nach dem Schatz suchen. Wer ihn gefunden hat, darf sich natürlich als erstes etwas davon nehmen.

Tipp: Sie können diese Schatzsuche natürlich nach eigenen Vorstellungen und Ideen erweitern. Möglicherweise muss auf Ihrer Schatzinsel ein hoher Berg erklommen, ein Hang hinuntergerutscht, auf einem dünnen Steg balanciert werden oder es lauern weitere „Gefahren" auf die kleinen Seeräuber.

Variation 1: Noch spannender wird es, wenn Sie vorab eine richtige Schatzkarte basteln bzw. gestalten und die jeweiligen Stationen aufzeichnen. Dann können die Kinder mit Hilfe dieser Schatzkarte den Schatz fast alleine suchen!

Variation 2: Mit entsprechender Requisite wird die gesamte Schatzsuche lebendiger. Blaue Tücher oder Decken können das Wasser darstellen. Eine eingerollte Decke wird zur gefährlichen Schlange, gepresste Blätter können den Schatz verdecken und ein paar stabile Äste könnten zum Balancieren genutzt werden.

Bei den Indianern

Material: Chiffontücher in rot, orange und gelb, Indianermusik oder Trommelmusik, die zum Thema Indianer passt, pro Kind ein schwerer Stein

Als erstes brauche ich einen Freiwilligen, der mir hilft und in eine Rolle schlüpft, die ich gleich verraten werde?

Suchen Sie eines der Kinder aus und platzieren Sie dieses an einer der Wände im Raum. Am besten so, dass das Kind, das nun den Indianerhäuptling mimt, mit dem Rücken zu dem Rest der Kinder sitzt.

Das hier ist unser Freund, der Häuptling Bunte Feder!

Zeigen Sie auf das am Boden sitzende Kind, damit alle sich entsprechend orientieren können.

Heute wollen wir Häuptling Bunte Feder besuchen. Aber psst, wir wollen ihn natürlich überraschen. So schleichen wir uns alle ganz, ganz leise und lautlos wie richtige Indianer an. Kein Geräusch ist mehr zu hören.

Alle teilnehmenden Kinder schleichen wirklich leise durch den gesamten Raum. Ob es klappt, dass hierbei wirklich nichts zu hören ist?

Wir nähern uns dem Häuptling und überraschen ihn mit kräftigem Indianergeheul!

Alle, auch das Kind, das den Indianerhäuptling spielt, hüpfen vor Freude herum und heulen lauthals wie die Indianer.

Nicht nur der Häuptling Bunte Feder freut sich über euer Kommen, sondern auch der Rest des Indianerstammes. Sie laden euch daher zu einer gemeinsamen Indianerfeier ein. Bei den Vorbereitungen fürs Fest packen natürlich alle gemeinsam an und laufen emsig hin und her.

Alle Kinder gehen geschäftig kreuz und quer durch den Raum. Sie hasten pausenlos von einem Fleck zum anderen.
Aber aufgepasst, die Kinder sollen sich dabei natürlich nicht anrempeln oder gar stoßen!

Uff, das ist ja ganz schön anstrengend. Könnt ihr spüren, wie schnell euer Atem mit einem Mal fließt und sich der Bauch dabei hebt und senkt? Auch das Herz klopft schnell.

Geben Sie den Kindern einen Moment Zeit, in sich zu hören und auch mal eine kurze Weile die Augen zu schließen, um besser in sich hineinhören zu können.
Es ist spannend für die Kinder, so am eigenen Körper zu erfahren, wie anstrengend Hektik und Eile auf Dauer sein können und wie diese dem Körper im Nu zu schaffen macht!

Als nächstes müssen noch die Steine für die Feuerstelle geschleppt werden. Alle fassen mit an und helfen mit. Sucht euch einen Stein und tragt ihn zur Feuerstelle.

Die Kinder nehmen sich alle einen der Steine, die am Rand in einer Ecke bereit liegen. Beim Tragen sollen alle ganz achtsam sein und spüren, wie schwer sich der Stein anfühlt. Mit dem Stein in der Hand dürfen die Kinder sich eine Weile durch den gesamten Raum bewegen.
Sobald Unruhe aufkommt oder Ihnen diese Bewegungseinheit lang genug erscheint, gehen Sie gemeinsam zur Raummitte und legen mit Hilfe der Steine eine Feuerstelle.

Inzwischen ist die Sonne fast untergegangen und der Abend bricht herein. Häuptling Bunte Feder entfacht das Feuer und das Fest kann beginnen.

Dazu legt das Kind, das den Indianerhäuptling spielt, die roten, gelben und orangefarbenen Chiffontücher mittig in die aus Steinen gelegte Feuerstelle.
Im Anschluss blenden Sie als Spielleitung die Musik ein.

Wir tanzen nun gemeinsam den Feuertanz, damit uns das warme Licht des Feuers den Abend lang begleitet.

Ein Kind nach dem anderen greift sich eines der Tücher und beginnt, im Takt der Musik mit dem wehenden Tuch um die Feuerstelle herumzutanzen.
Hört die Musik auf, legen alle ihre Tücher wieder mittig in die Feuerstelle.

Das Feuer prasselt gemütlich vor sich hin und schenkt euch nicht nur helles Licht, sondern auch angenehme Wärme.

Alle Kinder sitzen gemütlich im Kreis um das „brennende Lagerfeuer" herum.

Tipp: Wie Sie das Indianerfest ausklingen lassen, liegt natürlich bei Ihnen. Spielen Sie Gitarre, Trommel oder ein anderes Instrument? So können Sie im Kreis gemeinsam abenteuerliche Indianerlieder summen und singen!

Die Stimmung zum Schluss ist erfahrungsgemäß sehr ruhig und gemütlich. So würde es sich hier auch anbieten, im Anschluss eine spannende Indianergeschichte oder ein indianisches Märchen zu erzählen. Oder als Höhepunkt des Fests wird ein leckerer Snack (Obst oder Rohkost) im Kreis gereicht.

Besonders lustig ist diese Mitmachgeschichte natürlich, wenn sich die Kinder verkleiden oder gar bunte Indianergesichter mit Theaterschminke malen können!

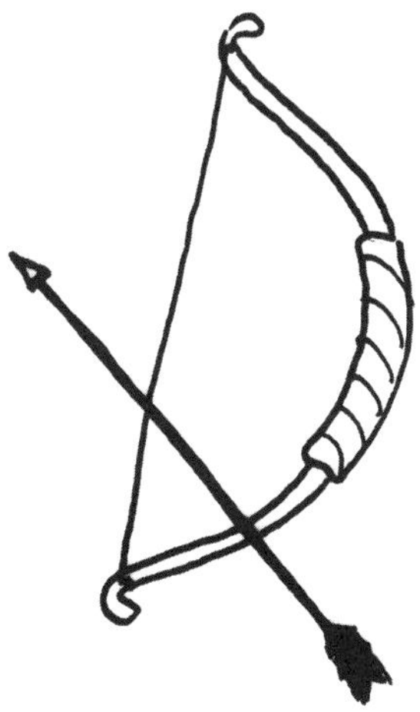

Ich bin ein kleiner Roboter

Material: evtl. Memorykärtchen

Einstieg: Besprechen Sie vorab mit den Kindern, welche Bewegungen für einen Roboter typisch sind und wie er sich bewegt.

Heute sollt ihr euch in Zweiergruppen zusammenfinden.
Immer zwei Kinder spielen bei diesem kunterbunten Mitmachspiel zusammen.
Wenn ihr euren Spielpartner gefunden habt, sucht euch bitte einen Platz hier im Raum und stellt euch nebeneinander, damit ich sehen kann, welche Kinder zusammenspielen.

Sollte das Zusammenfinden der Spieler schwierig sein oder aus Ihrer Erfahrung recht lange dauern, verteilen Sie im Raum so viele Memorypärchen wie Spieler anwesend sind. Die Kinder suchen sich jedes eine Karte und immer die beiden Kinder mit dem gleichen Motiv spielen zusammen. Bei dieser Variante haben Sie sogar vorab schon Bewegung drin!

Das Kind mit den dunkleren Augen (kürzeren Haaren, größeren Händen, helleren Haaren, mit den meisten Sommersprossen o. ä.) beginnt im Spiel als kleiner Roboter.

Jeweils ein Kind von den Spielerpaaren ist nun der Roboter des anderen Kindes.

Dieser kleine Roboter war ein Geburtstagsgeschenk für euch.
Ihr geht staunend um den Roboter herum und schaut ihn euch an.

Alle Kinder, die in dieser Runde kein Roboter sind, gehen um ihren Spielpartner herum und bestaunen ihn.

Ihr seid natürlich neugierig, was euer Roboter so alles kann. Vorab müsst ihr wissen, dass Roboter zwar allerhand können, aber ihre Energie schnell nachlässt. Das merkt ihr daran, dass die Roboter plötzlich ganz schlaff werden, alles an sich kräftig ausschütteln und mit einem Mal wieder stocksteif dastehen.

Ihr müsst den Robotern dann erst wieder neue Energie zuführen. Dazu reibt ihr eure Hände einmal ganz schnell und kräftig aneinander. So, schaut mal!

Machen Sie das Händereiben vor und alle Kinder, die kein Roboter sind, machen mit.

Nun legt die warmen Hände mittig auf den Rücken eures Roboters. Ihr lasst die warmen Hände einfach auf eurem Spielzeug ruhen und wartet, bis der Roboter genug neue Energie aufgenommen hat. Das merkt ihr daran, dass die Wärme in euren Händen nach einiger Zeit nachlässt. Dann geht ihr zu eurem Roboter und dreht an einem seiner Knöpfe. Und ihr werdet sehen, euer Roboter wird euch etwas zeigen. Bei jedem Knopf, den ihr betätigt und bewegt, macht er etwas anderes. So, aufgepasst, dreht den ersten Knopf.

Die Kinder machen das, was Sie als Spielleitung erzählen, aktiv mit. Sobald der Knopf an dem Roboter gedreht wurde, bewegt sich der Roboter von allein.
Dabei darf sich jeder Roboter für sich überlegen, was genau er macht. Beispielsweise können die kleinen Roboter folgende Dinge gut:

- *Vorwärts laufen*
- *Rückwärts gehen*
- *Mit dem Kopf nicken*
- *Den Bauch von links nach rechts bewegen*
- *Die Knie langsam auf und ab bewegen*
- *Sich verbeugen*
- *Den Kopf hin- und herdrehen*
- *Den Arm auf und ab bewegen*

Nach jeder Aktion des Roboters schwindet die Energie und diese werden ganz schlapp, lockern sich und werden – zack ganz steif, sodass die Roboter für die nächste Bewegungseinheit erst wieder neu aufgeladen werden müssen!

Die Roboter-Kinder verhalten sich entsprechend: Nach zwei bis drei Aktionen schütteln sie sich locker und verharren reglos, bis sie wieder aufgeladen werden.

Hinweis: Nach 2-3 Aktionen sollten Sie die Kinder die Rollen wechseln lassen, damit es nicht langweilig wird. Sonst lieber mehrere Durchgänge hintereinander mit vertauschten Rollen machen, damit das Spiel interessant bleibt.

Ri-Ra-Räuber

Material: Kissen oder Holzreifen
Vorbereitung: Vorab legen Sie im Raum verstreut einige Kissen oder Holzreifen aus.

Stellt euch doch mal vor, heute sind wir Räuber. Solche, wie man sie aus Märchen kennt. Wir Räuber wohnen tief im Wald. Unser Magen knurrt schon ganz laut.

Alle laufen im Raum umher und reiben sich (im Uhrzeigersinn!) den Bauch.
Das Reiben wärmt den Bauch und löst Spannungen im Bauchraum.

Das letzte Stück Wald liegt vor uns. Wir müssen leise sein, damit der Bauer uns nicht erwischt. Daher schleichen wir auf leisen Räubersohlen von Baum zu Baum und verstecken uns dahinter.

Die Kissen oder Holzreifen stellen die Bäume dar. Das hilft gerade jüngeren Kindern, denn durch die Gegenstände bekommen sie etwas Sichtbares, woran sie sich orientieren können!

Da vorne liegt schon die Obstwiese. Hm, die roten, glänzenden Äpfel leuchten uns entgegen. Dabei läuft uns das Wasser im Mund zusammen.

Alle holen tief Luft und seufzen. Dann leckt sich jeder mit der Zunge um den Mund.

Wie wunderbar es hier nach frischem, süßen Obst duftet!

Alle Kinder atmen ein paar Mal ganz tief ein und wieder aus. Jeder natürlich nach seinem eigenen Rhythmus.

Alle Räuber springen geschickt über den Zaun der Obstwiese.

Die Kissen sind nun der Zaun der Obstwiese. Die Kinder können mehrfach darüberspringen und dies auf unterschiedliche Weise probieren: mit geschlossenen Beinen gleichzeitig, mit einem Bein, in einer Hockwende o. ä.

Die Äpfel hängen aber hoch! Alle Räuber recken und strecken sich, um sich einige der Äpfel zu stibitzen.

Lassen Sie die Kinder sich wirklich kräftig recken und strecken. Wenn die Kinder Lust haben, können sie an der Wand abgestützt auch mal eine „Räuberleiter" zu zweit ausprobieren. In dem Fall nur das entsprechende Raumstück mit Matten auslegen!

O je, der Bauer hat die Räuber entdeckt, nichts wie weg!

Alle flitzen schnell zum Zaun, springen darüber und laufen „hakenschlagend" im Wald zwischen den Bäumen umher in Richtung Räuberhöhle.

Geschafft, puh, das war knapp!

Die Räuber haben die tief im Wald versteckte Höhle erreicht und halten inne, um zu verschnaufen.

Vor lauter Freude über den gelungenen Apfelklau grölen die Räuber wild durcheinander, hauen sich vor Schadenfreude auf die Schenkel und trinken etwas Räuberschnaps.

Lassen Sie die Kinder lachen wie Räuber, die man aus Märchen kennt, laut sein, schadenfroh und ausgelassen feiern, trinken und Spaß machen!

Tipp: Arbeiten Sie gerne mit Musik? Dann blenden Sie zum Schluss räubermäßige Musik ein, zu der die Räuber schunkeln, klatschen und sich freuen können. Oder haben Sie ein pfiffiges Kinderlied zum Thema Räuber, bei dem alle lauthals mitsingen und wie die Räuber tanzen können?

EMPFEHLENSWERTE LITERATUR & TONTRÄGER

Bücher zum Thema Massage

Sabine Seyffert: Viele kleine Streichelhände. Massagen für Kinder. Menschenkinder Verlag

Bücher mit Fantasiereisen zum Entspannen

Sabine Seyffert: Heute Regen, morgen Sonne. Entspannungsgeschichten rund um die Gefühle. Arena Verlag

Sabine Seyffert: Meine Insel der Stille. Entspannungsgeschichten für Zappelkinder. Arena Verlag

Sabine Seyffert: Komm mit ins Regenbogenland. Fantasiereisen, Entspannungsrätsel & Gute Nacht Geschichten. Kösel Verlag

Spiele

Mucksmäuschenstill. Ein ganz „leises“ Geschicklichkeitsspiel! Für Kinder ab 5 Jahren. Haba

Planet der Sinne. Spielesammlung zur Wahrnehmungsförderung. Für Kinder ab 4 Jahren. Haba

Grashüpfer im Zahlenland. Für Kinder ab 4 Jahren. Haba

Ratz Fatz in Bewegung. Haba

Eiertanz. Haba

Hands up. Ein lustiges Kartenspiel rund um die Hand. Schmidt Spiele

Seminare mit der Autorin unter:

Wer Interesse an den Veranstaltungen, Kursen und Seminaren mit der Autorin hat, kann sich schriftlich an folgende Adresse wenden:

Praxis für Entspannungspädagogik & Kreativität
z. Hd. Sabine Seyffert
Postfach 110523
42305 Wuppertal
www.sabine-seyffert.de

Bitte unbedingt 2,20 EUR in Briefmarken als Schutzgebühr mitsenden!